# 倭の歴史から見る〈祈り〉と〈たたかい〉の集団

防衛大学校草創期卒業生
矢治　貞二

# まえがき

本書は、防衛大学校第2期生の有志の一部が携わっており、いずれも35年前後の自衛隊勤務の間に意識的あるいは無意識のうちに会得した仏教及び神道によってもたらされた武士道の観念（『武士道』新渡戸稲造著）をベースにして「祈り」と「たたかい」というテーマに挑戦した成果をまとめたものである。

筆者達との出会いは、55年前機甲のメッカ北海道の恵庭の地である。赴任して1年、旧軍人や学閥、部下達の厳しい注目の中、卒業したてのほやほやの後輩9人が大挙してやってきて、期待と心配のなかにも、気の置けない付き合いが戦車部隊で始まった。

あれから30数年、20数万の武装集団を0から築き上げるべく、筆舌尽くせない努力を重ね、大任を終え、今は第3、第4の人生も卒業し、多くは後期高齢者の仲間入りをし、悠々自適の間、同期の会合（二木会）を楽しんでいるようである。筆者の矢治氏は、恵庭では、大隊長の特命で4時間「関ヶ原」の幹部教育の実施、拳銃射撃の全国大会出場、M41戦車の受領教育の通訳、放射線取扱主任の教育入校等素直に勤務していたが、ある時期から隊務について冷めた態度にかわり、自主自立の方向（戦史や歴史書に興味か）に進んでいった。退官後数年「東京海上」におり、後海外協力隊や郷友連盟、隊友会、偕行社海外民間建立慰霊碑調査団等の仕事を紹介したが、いずれも定着せず、体験勤務程度に終わったようである。

数年前に会ったとき、自分たちの歴史は真実でなければ、誰も歴史に興味をもたなくなり、先人の生きた歴史を知らない国は盲目国家となり、進む方向を見失い滅ぶことから、古代史を糺したいといわれ、それは大変なことだ、頑張ってと言って別れた記憶がよみがえる。昨年労作を拝受し、巻頭を汚すことになった。

さて、本文について先輩として一言付言したい。筆者達の長い職業（公務）柄、かたい表現でやや、とっつき難いが、人間の生き様を祈り（理想）とたたかい（現実）の両面から歴史的に眺め、その中に身を置き、軍務という国政の重要な分野に生涯を捧げた集団の一員として、現役ではタブーとされる歴史批判や国政（憲法）批判に踏み込んでいる。即ち、日本列島に定着し始め、国家としての成立過程における人類の活動について中国及び朝鮮半島との関係の明確化に留意し、考古学、文献及び周辺諸国の歴史資料を客観的に考察している。特に邪馬台国を含む古代の人間集団及び個人の生き様とその活動内容の主体をしめる「たたかい」の実体について、その根底にある「祈り」、とりわけ信仰に関する探究にも努力していることは一読の価値があると思う。

平成25年初秋

防衛大学校　第1期卒業生
公益財団法人　偕行社副理事長

**深山明敏**

主題

「祈り（祭）とたたかいの狭間」

# I

## [祈り（祭）とたたかいの狭間]

# 邪馬台国を求めて

●目次

# 1　はじめに

人間誰でも自分のルーツとりわけ国の歴史には興味があるものと思うが、歴史観がいかに形成されてゆくかは、教育と自学によるところが大きいと思う。しかし特に自学のための資料たるや矛盾と撞着、不十分と偏見また資料作成者の立場や作成目的により千差万別で、わが国の歴史書の始まりとされる日本書紀一つとって見ても、はっきり史実とされるものは何か定かではないところが多い。このため日本の歴史を正しく認識するためには、日本列島に定着し始めた人類の活動を、考古、文献、周辺地域国の歴史資料も含め客観的に考察することが大切であると思う。以下は日本書紀が係る古代史を中心に、同期の月例定期酒席で論争した内容の骨子を思いつくままに整理したものであり、紙面の関係上舌足らずや自家撞着は承知のうえである。ご叱正を乞うものである。

## 2　日本列島への人類の進出

約1億7千年前地球は氷河期が終わり、海面が上昇下降を繰り返し、1万8000年前ごろ日本列島は今より130～150メートルも海面が低下して瀬戸内海は陸地であったが、徐々に上昇低下を繰り返して大陸から大きく切り離され、対馬海峡と津軽海峡が黒潮の北上する荒海と化し、日本海も拡大した。以来先祖は、古い内陸湖（日本海）や海洋を利用した伝来の航海技術を生かし大陸との交流は続けていたと考えられるが、歴史的な活動として現れるのは2千数百年前から、北方、大陸韓半島、南方向より水陸両用手段によりいろいろなきっかけから渡来してきたと思われる渡来人との交流からはじまる。その大きな流れは移動の容易性と文明の発達度から、中国大陸における騒乱のインパクトに起因した韓半島経由が主流と考えられ、BC200年ごろから400年近く続いた文明の進んだ大陸の漢帝国、続く帝国の分裂であり、3世紀始めから五胡十六国時代と言われる小国の興亡、攻防戦乱の末6世紀末隋が、続いて7世紀唐が統一し、これらに係る人・物・文明の流入、大陸、韓半島故国との交流等時と所により様々ではあるが、大陸が日本列島の人類の営みに少なからず影響を及ぼしてきたものと考えられる。

この間数次にわたる渡来人の大きな波があったといわれ、そのピークの1次はBC200年ごろロマン漂う伝説として始皇帝の気まぐれに便乗して100艘と1万近い有能な乗組員と技能集団、童男女を乗せ不老長寿の妙薬を求めて東海に船出した除福集団の行動、2次は倭の五王が君臨した暗黒の5世紀始め、3次が5世紀末から6世紀始めで、いま一つ7世紀末仏教の伝来は日本人の生き方を決定付ける最たるものである。

## 3 日本列島に進出した人々の活動

政治、外交軍事、経済、信仰、文化活動等文明の発達した現代の我々の活動とは規模範囲程度内容の精査等違いはあれ本質的な差はないと思われる。これらの活動の基礎は個人であるが、とくに生活の基本である経済については、縄文時代の狩猟漁労の自給自足の個人経済に始まりＢＣ４世紀頃から稲作、さらに鉄器の農具導入により集団の水田農業に移行し農水路用水池等の大規模な土木工事等で、歴史は集団の活動で展開して行くので、集団の規模、構成員の知性、他集団との関係等が時代によってどのような関係にあったのか考えてゆかなければならない。

# 4　集団の大きさと部族

集団は、個人に始まり家族、血縁地縁の小部落、部落集団の村、クニと拡大し先住移住者に後発移住者も入り交じり、離合集散を繰り返し交流が広まっていったものと考えられる。具体的にはわが国に関する最古の歴史資料と一般的には考えられている魏志倭人伝（魏書）によると弥生中期に、百余ヶ国に分かれていたが、百数十年後には20数カ国にまとまり、またその一部は漢国に朝貢を求めていたとの記述も見られる。ここでいうクニの広さは、現代の県が数個から十数個のクニ程度と考えて差し支えないと思われるが、全国的な規模で成立していたとは考え難い。このクニがさらに数個またはそれ以上まとまり同盟し一個人（首長）や大豪族の下に統一して活動することは、自然の成り行きである（小中規模の豪族の群雄割拠、たたかいの社会）。しかしこの時代にはまだ国家としてのまとまりも日本という国名もなく、日本の名称としては、真偽は別にして聖徳太子が隋に送った「日出る処」の天子……が最初であり、次いで701年大宝律令に見られる「日本」が初めてかと思う。

部族については、その名称等から渡来系と昔からの定住者に便宜上分けて記述されていることが多いが、1万7000年前頃以降は皆渡来系になりまた渡来時期を裏付ける正確な史実も殆ど見当たらなくあまり意味をなさない。即ち集団で渡来が始まったと考えられているBC2世紀以降の渡来者と思われる部族のなかで、一応5世紀末頃との記述が多く当時隠然たる力を保持していた百済系の漢氏、新羅系の秦（はたと読む）氏についても秦氏の祖先は秦の始皇帝と称しており、800年も前に栄えた部族が突然大挙渡来して全国に定住し直ちに活動したとは考えにくく、もっと早い時期の渡来と考えるほうが自然と思われる。

## 5　集団内の信仰

信仰心がどのように人の心に芽生え発達し集団の心理、行動原理として人々の活動に作用してゆくものか、難しいことではあるが、あえて考察を試みる。

### （1）信仰の対象と祭事

戦前は、私が育った田舎の多くの家では神棚があり、床の間には天照大神とかかれた掛け軸が掛けられたりしていた。また部落には鎮守の森にお宮があり、毎年そこで神楽が舞われ、夏には相撲大会が、秋には豊作を祝う秋祭りが催されていた。また近くには標高６００メートルの山の頂上に大きな岩を信仰の対象とする大元山がありその麓には八幡神宮があって、そこには神主や多くの巫女さんがおり、参道は遠くからの参拝者が詰め掛け夏祭りや年始参拝で賑わっていた。霊峰富士の麓には幾つかの浅間神社があり、祭神は富士のお山そのもので、山を崇拝し活動する山岳信仰も古くから行われている。神棚やお宮、お神楽、神主、宮司、巫女等祭事が何時ごろから発生しどのように社会に定着し始めたか定かではないが、日本書紀では天照大神は２０００年以上前の神とされ、下って２００年代に邪馬台国周辺を統治したとする卑弥呼は巫女と考えられている。

## （2）信仰と政治権力

祭政一致（裏返せば政教分離）は古くて新しい問題であるが、古代は特に天変地異戦争や死の恐怖等諸々の不測不明の環境に対応して生きてゆくため人々は、信仰（祈り・祭）と政治（武力）、経済活動（狩猟、漁労から稲作）を大きな柱として生きてきたことは現代とあまり変わりは無いと思う。信仰は人に喜怒哀楽の感情が芽生えたと同時に発生し、生活環境の変化や文明の進歩とともに一般に複雑多岐化してゆくとともに集約化するものと考えられるが、わが国でも仏教伝来までは、自然の脅威や死の恐怖等に慄き、これに順応克服しようとする自然崇拝や神仙思想が根底にあり、個人・家族・部落・クニ等集団内に拡がり盛衰を経て神道として今に至っている。祭事の場所は、聖域とされ、神社と言われるものが現代もなお十萬余社ある。一方政治権力の主たる裏づけは武力であり、主として武力を背景に小中大豪族がこれを担い行使した。何時の時代も権力者は、武力を背景に政治権力を行使し、信仰は時にはこれを補完し（廃仏毀釈等）、利用し（イスラム原理主義、共産主義）抵抗したりもした（信長に対する石山本願寺、比叡山僧兵）。まれに優れた神職者の下で信仰が政治権力を上回ったと思われる社会も見受けられる（ローマ法王治世、卑弥呼）。また他に、特異な信仰として恐山イタコの口寄せや、琉球王国ではノロやツカサと呼ばれる多くの女性祭司が国家のもとに組織され村々の祭祀を司っていたこともある。古代の信仰は今よりも社会生活における重要性は重く、皇室等が権力に直結した具体的施策として、遣唐使の航海安全を祈念して瀬戸内海沿岸の各寺に祈祷させ、天平7年わが国に初めて天然痘が上陸し翌々年には平城京の台閣を直撃し4名の藤原一門を鬼籍に追い込み政権を消滅させた際は全国の寺に平癒祈願の法要を命じた。また養老4年隼人の大隅国司殺害に端を発した反乱の鎮圧にてこずった中央派兵軍は、豊前の国守以下宇佐神宮の禰宜、法蓮その他僧集団が八幡神輿に供奉して遠征し、隼人の戦意を鈍らせ懐柔して鎮圧し、その法要が放生会として今も伝え残っている。

## （3）信仰を中心とした生活基盤

ＢＣ4世紀ごろから稲作を中心とした信仰を同じくする部族からなる農耕社会が始まり、地域的な集落を統括する政治機構が発達し、やがてクニが出現する。出雲大社には上古32丈の巨木の神殿があり、平安京の宮殿や大仏殿等古来この高さを越えることは許されなかったし、時代は遡るが６０００年程も前に永く栄えた三内丸山遺跡にも6本の巨木を柱とした掘立柱建物跡が見つかり神殿か宗教施設の中心と思われる生活空間があった。またＢＣ1～3世紀ごろ整備されたと考えられている吉野ヶ里遺跡は、内堀の中心に多数の独特の甕棺を納めた墳丘墓があり近くには政治の広場や支配層と思われる住居跡、さらに外周には河川も利用した水濠や外柵等の軍事施設、その外側には多数の倉庫群等の経済施設跡が見受けられるように信仰を中心に政治、軍事、経済が一体となった部族集団が発達していったと思われる。その頂点が古代の終わりごろ列島を統一したと思われる天皇家であると考えられるが、8世紀ごろまでは一方的な文献が主で今ひとつ歴史の真実に迫り難いところがある。

# 6　日本書紀の空間（神話）

１３００年前とはいえ、日本書紀はわが国ではじめて、それまでの言い伝えではなく文章として書かれた歴史関係の書物として、以来国民に与えた影響は計り知れないものがあり、この資料を正確妥当に評価し使用することは、わが国の歴史の真実、人間社会の実態を把握するため極めて重要である。

## （1）戦前の教育

昭和初期生まれのわれわれの年代にとっては、日本歴史は天孫降臨から始まり神武綏靖安寧懿徳孝昭孝安……と１００代までの天皇名を暗礁することであった。10歳前後の子供にとっては１００人の名前を暗記することはそんなに難しいことではなく、ついでに姉達が遊んでいた小倉百人一首もいとも簡単に覚え、上の句下の句をつなげる歌留多遊びが流行っていた。今この年令（70代）ではよく覚えられたと不思議に思うが、当時は真面目な小学生の歴史教育内容であり、いい成績も採りたく違和感は無かったが、天孫降臨については何時頃か定かではないが、科学精神も芽生え歴史も眉唾物かなと軽視の気持ちが湧いたものだ。

## (2) 歴史資料への疑問

高校教科では日本史を履修したが歴史への興味が薄れていたためか残念ながら何を勉強したか全く記憶に無い。何時頃か邪馬台国の卑弥呼に関心がでて魏志倭人伝を読んだ。此処には卑弥呼に関する西暦年や対馬から伊都・松浦・奴国等記述は具体的でさらに奴国王の金印まで出土しているではないか。然るに日本書紀ではこれらには一言も触れられていない。どちらが史実に近いか一概に断定はできないが、歴史資料の信頼性には十分注意が必要と感じた。

## (3) 日本書紀以前の天皇制

名実ともに歴代天皇が実在したのは何時頃のことであろうか？　天皇の名称が使われたのは7世紀末の天武天皇が最初と考えられているが、日本国の統治者といえる者が実在したのは何時頃から、どのような家系の王や豪族で、またこの家系は他の家系への交代、継承は存在したのだろうか？　一般的には集団は、固有の信仰を共有する家族血縁地縁集団が有力者の下に結集した小豪族が統治し、中豪族大豪族へと拡大し最終的に全国土へと波及統一がなされれば初期の国家が形成されたと言えるだろう。この大豪族中心の統治が確立される過程が一般的な統治国家の形成過程であるが、日本書紀の記述やわが国の特異性からみて武力中心の豪族のみではなく、時には祈りを中心とする家系（天皇家ほか）が諸豪族に推されて（合議制）統治する形態も考えられる（首長連合）。実質的な権力を有する統治者に近い大豪族についてみれば、古代から今も残り続いている地名氏名等幾多もあるが、全国的なものは物部蘇我を筆頭に葛城、秦、漢、海部、山部、大神、中臣、藤原等々で、この内最大と言われているのが最後の大王と称され軍事財政を掌握していたと思われる物部氏である。物部氏については、現代も物部姓は少なからずあり全国各地に物部に関係する地名も多い。日本書紀では最後の大王とした記述が見られるが、何故か物部に関する資料は抹殺された疑いが濃い。僅かに残った資料から垣間見ると天皇家の原型とも重なるところがある。一方天皇家については物部蘇我等のような武力で集団を統率する大豪族としての実態は日本書紀を除けば史実に乏しい。このため、日本書紀や古墳等の資料から、一説には2～3世紀近畿地方で急速に力をつけた有力な大豪族が、魏の後ろ盾を受け理想国家を運営していたと思われる邪馬台国の後裔を受け容れまたはこれが中心となり3～4世紀にかけヤマトを建国したことも考えられる。以後は共立された祈りを中心とする家系（祭祀族）と有力諸豪族（軍事族）との葛藤と共存の歴史が日本書紀の内容とする見方も出来よう。

## （4）日本書紀に見る天皇制の発生

6世紀末最大の統治者として君臨していた大王物部氏の守屋が587年衣摺の戦において失脚し曽我氏が実権を握った。しかし曽我氏も乙巳の変により失脚しこの後天皇家内の権力争いである申壬の乱を経て名実共に天皇制に移行することになるが、圧倒的な武力を有する名門物部を倒し政権を奪取した黒幕は何者であろうか？　一般的には新しい政権の担い手であるつぎの権力者であるが、衣摺りの戦いでは天皇（の地位にあった者）自らは係ってはおらず、厩戸王子が先頭に立ち曽我氏と共に戦い、勝利を収め、後年聖徳太子として崇め奉られているとする見方が存在する。しかし厩戸の王子は当時14歳で神童とはいえ戦いを統べるには若過ぎ秦河勝の後見があってはじめて諸部族を味方につけ物部を倒せたと考えられている。では天武以前の実体の定かでない何十代かの大王（天皇）はいかなる意味があるのだろうか？　これはさて置きこれより500年ほど遡る卑弥呼の世界をのぞいて見ることにする

## （5）卑弥呼の世界

邪馬台国については特定できる史実が不確かで、その場所は勿論存在さえも否定する意見があったりして百家争鳴の感無きにしもあらずだが、魏史倭人伝に記述されている内容そのものは一応史実に近いものとして考察する。

### ア　邪馬台国の場所

邪馬台国の場所については、韓半島から対馬、一支、末盧、伊都、奴国、不弥と距離も含め具体的な記述がなされており、今の熊本地方と考えられている狗奴国とは陸続きで一時交戦状態にあった記述があり、また奴国の金印まで出土していることから、九州周辺の西国の何処か

がやや有力視されている。一方近畿説については、九州から唐突に何百キロも離れて邪馬台国がありその間の中国四国について何ら触れられていないことや、統治した周辺のクニの戸数等についても、対馬千戸、一大（壱岐）３千戸、末盧4千戸、伊都千戸、奴国2万戸、投馬5万戸と詳細かつ具体的な記述に対し、近畿周辺にはクニの記述さえ見当たらない。さらに狗奴国と交戦状態にあったとすると、２００年代当時の交通通信や大量の武力の差遣等の統治能力を備えた国が近畿地方に存在したとは考え難いことから、常識的には近畿説は無理があると思われる。近時箸墓古墳の調査が進み、造成時期、大きさ等物理的観点から近畿説が勢い付いているが、７万戸程のそれ程強大な武力をもった豪族大王ではない邪馬台国の卑弥呼の墓としては立派過ぎで、さらに戦時下の死亡説が取り沙汰される環境での豪華な大規模工事は常識的にもそぐわない感が否めない。

## イ　卑弥呼の権力基盤について

一般的には政治権力は軍事に基盤をおき軍事は古来男が担うものであり、卑弥呼の少し前の時代も倭国は30余国に統合が進みなお騒乱が続いていたとの記述がみられ、吉野ヶ里その他の遺跡からも戦傷に伴うと思われる遺骨が発掘されており戦乱が絶え間ない社会であったと思われる。このため一大卒を壱岐におき軍事外交の拠点にしてクニグニには長官と1～3名の副使をおき武力を以って統治したという見方も有力ではあるが、しかし魏書では弟が仕えてはいたが軍事で騒乱を治めたとの記述は窺えない。卑弥呼は奇道をよくする巫女的な女王のようである。特に一時交戦状態にあった強大な狗奴国とも和平関係を結んだことから強い影響力をもった女王と思われる。戦国時代、もし強大な武力の後ろ盾なしにこのような女性がよく数カ国を統治し得たとすれば、それは同じような信仰をもち神がかり的な教祖を頂く言わば宗教集団であり邪馬台国は宗教国家であったといえよう。少し詳しく見れば、地縁血縁集落は祭事を通じて固有の土俗の信仰が生まれ発展し、祭事の主催者である神官巫女神主等聖職者や聖職者集団が、外交や開戦の時期場所、戦勝祈願等により、深く政治に係るようになり（祭政一致の宗教国家）、または大豪族に推されて（ゆるやかに連合する共立共生の社会）社会の統一安定を図るやり方が考えられる。古来土俗の信仰は自然発生的でその対象は人知の及ばない自然物が多く形のよい山とか山上の奇岩とか祠とか森羅万象万物に神が宿るとする信仰が多いが、このような信仰形態は自然のルールを大切にする穏健な信仰であり、祭事の拡がりとともに集団も広がり易いといえる。この際優れた祭主が周辺集団の利害（政治）を超えて影響力を及ぼす統治能力にたけた王が、女王卑弥呼だったといえるだろう。いま一つ、卑弥呼の時代の中国は、道教系の黄巾の乱や五斗米道王国が成立した頃で、卑弥呼は道教の一派に近い新興宗教の教祖で、民は全て強力な武装信者として組織化し武力により国を治めたとする有力な見方も存在する。

### ウ　卑弥呼の統治

現実に卑弥呼は国内外をどのように治めていたか、記述が少ないので推測するしかないが、「鬼道に事え能く衆を惑わす。年巳に長大なるも夫婿なく男弟あり、佐けて国を治む。王となりしより以来見るある者少なく婢千人を以って自ら侍せしむ。ただ男子一人あり飲食を給し辞を伝え居処に出入す」とあるように国内については諸豪族に推されて女王となったことから考えてその政治形態は弟を介した間接統治で国内は争いの無い平和な社会であったようで、また外交的には卑弥呼は漢帝国の崩壊から魏・呉・蜀の三国鼎立時代に入るその絶好の時期を見計らって新興王国とも言うべき魏に使節を派遣している。この時機についての情報をどこからどのようにして得たのかは判らないが、対外的には魏のお墨付きを取り付け韓半島との関係を有利にし、国内統治も一層権威付けて容易にしたものと思われる。

## エ　権力基盤の崩壊について

　このような宗教社会は古代ではそれ程特異ではなく、集団の大小の違いはあれ至る所に形成されていたものと思われる。しかし社会特に集団の拡大と経済の発達とともに集団相互の利害対立は信仰を超えて激化し偉大な祭主の死亡とともに崩壊を繰り返す。魏書では卑弥呼の死後国は乱れたが、女王（壱与か？）が即位し再び一時的な平和をもたらした記述が見られる。この時代の信仰は仏教やキリスト教のような世界宗教と異なり、共通の自然崇拝とはいえ、各集団は固有の土俗の神を信じる信仰であり、祭神の異なる他集団の人々を結びつける力は弱く、新しく伝来した人為的な世界宗教との確執が信仰の世界にもたらされる。歴史に仮定は禁物だが特に許されるならば、もし邪馬台国が女王の神通力に頼るだけのクニではなく、弟や武力鎮圧にあたる男達がしっかりした豪族支配的社会であったなら、邪馬台国はもう少し永く栄え、歴史上現実の跡を留めたことであろう。

## 7　日本書紀発刊（700年ごろ）以前の史実について

文字の無かった1300年以上遡るわが国の歴史は、日本書紀を除けば国外の断片的資料か、国内の史跡、出土品、伝承資料等に頼るほかないので、これらについて推測してみる。

### (1) 外国に見る資料との吻合

#### ア　徐福集団の渡海

徐福は始皇帝の高官で、帝の不老不死の仙薬の求めに対し「海中に三神山あり、名付けて蓬莱・方丈・瀛州といい、仙人これに居り。請うらくは斎戒し、童男女とこれを求めんことを」と提案し許可を得た（史記）。このため徐福は五穀の種と百工及び征服王朝の子女からなる童児を帯同し江蘇省の徐福村を東海に旅立った（一説には道教開祖老子の子孫が居住し道教の経典神道書が発見された連雲港に近い山東省琅邪港説もある）。後世長老の話として「徐福は澶洲に止まり還らずとか、平原広沢を得て止まり王となり来らず」と新天地を開拓し、その後数万家あり、会稽（船出地）と貨布（商い）するとも言われ、また帰国して帝に報告して再度出発したとの説もある。その後「三国志」呉志に「孫権は２３０年武装兵1万人を澶洲・夷洲に派遣したが把握できず生口を伴い帰国」とあり今の台湾とか、朝鮮半島とか、日本列島と思われる島に軍を派遣したが失敗している。ただ日本の歴史資料は皆無に等しく、伝承としては徐福の上陸地点は日本全国20数箇所に及び、著名なものは和歌山県新宮市にあり、また丹後半島には新井崎神社というごく小さな神社があり祭神は秦の徐福である。神社のそばには上陸したという場所もあり、自然の岩がつくった洞窟がそれとされており、上陸したという記念碑まで建っている。また吉野ヶ里遺跡のある佐賀市の金立神社では徐福が祀られている。徐福集団のその後の行動についいては推測の域を出ないが、山に上ったのが山部、海岸に定着したのが海部族の一部になったことも考えられる。

## イ　奴国王の金印

中国資料に57年後漢から奴国王に金印を付与した記述があり、志賀島から実物が出土したことから、奴国とその王の存在、中国に臣従していた関係は史実として疑えないし、北九州の大豪族が倭国の窓口として君臨していたことは窺える。また、この時期後漢と国交をもっていた倭の国家は30余国といわれ、大陸側としても金印を付与する以上、倭国の国情を相当掌握せずには与えられないことから、人的物的な交流もある程度進んでいたものと考えて差し支えないと思う。

### ウ　239年魏の明帝が卑弥呼への「親魏倭王」の金印紫綬の授与

邪馬台国の記述は全般にわたり詳細で、一般的な倭の国情を垣間見るには優れた資料であり、後漢の崩壊前後の時代もなお北九州を中心とする西国の倭国は、大陸大国の権威を必要とし、この従属臣従関係はさらに倭の五王時代を含め数世紀続くことからみてこの時期西日本の倭国は、この後ろ楯のもと政治外交軍事、交易（特に韓半島の鉄の確保等）を有利にすすめていたものと思われる。一方近畿東日本については、外国の資料は見当たらないが、古墳文化の解明等から見て魏書の記述内容とは異なる独立した経済、文化が芽生え発達しつつあったと推測される。

### エ　高句麗の広開土王の石碑

高句麗の広開土王の石碑に3～4世紀に倭軍が韓半島の中央部に侵入したとの記述があるが、この倭軍がどの位の兵力で、半島内で組織した倭軍か北部九州主体の軍かはたまた遠く大和地方から主力と全軍の統率者が出兵したのか皆目不明であり、日本書紀にも取上げられていないところを見るに、とるに足らない事件であったかも知れない。

### オ　倭の五王

五世紀宋書（倭国伝）には、中国南朝に遣使した倭王讃、珍、済、興、武の記述があり、時期と実名からこれに比定される天皇説もあるが、五王が3世紀時代の邪馬台国に連接する王朝であるか新王朝であるか、宋書には爵号の要求を主とする朝貢の事実のみで王朝の都等さえ詳しい記述が無く、今のところ更なる今以上の解明が困難な状況にある。ただ、暗黒の五世紀とも言われているこの時期渡来人の移住がピークに達しこれらの人達がこの王朝に深く係っていた可能性は否定できない。この移住が6Cに大陸、韓半島から来て、先祖が秦や後漢と称する秦氏や漢氏か否かは日本書紀の伝承とは100年の違いがあり何ともいえない。このため5人の倭名が全て漢字一文字の意味するところや夫余民族との共通的な風習や体制等から推測し五王は夫余族の一部（BC2～5世紀末栄えた騎馬民族）が高句麗を経て百済・任那に至り日本に渡って倭国に新王朝を樹立したとの説や、九州の一王朝説もあり、また広開土王が列島に移住し倭王讃＝仁徳天皇を称した説もあったりして、列島の総合的な権力組織を判断する史実としては今のところ何ともいえない。

## （2）国内資料

### ア　古墳

葬礼としての本格的な墳墓がわが国に見え始めるのは弥生中期（紀元前後）ごろから北九州を中心に広まったと思われるが3世紀後半ごろから全国的に大規模な古墳が急速に築造され始め、古墳時代を迎える。墳墓は死者に対する遺族等のいのりの現れであり、社会集団が階層化するとともに規模形式等は社会の宗教観とともに変化するのでその築造の推移をみれば、社会集団の変遷も推測される。このため多くの古墳についてその構築時期、規模、形式、副葬品等から統治者の力、範囲、消長等民間を中心に解明が図られており、近畿地方を中心に諸所に次々と王権が成立或いは遷都したことが推測されるが、これが歴史上の固有の豪族や王権等との関係を裏付ける具体的な資料は今のところあまり見つかってはいない。しかしこのころには、全国的に各地方を治める大豪族が発生していたことを裏付け、箸墓古墳に就いては築造年代（異論も多い）と大きさから卑弥呼説を有力視する意見もあるが、近畿という場所と卑弥呼が大豪族ではない巫女的人物だということから疑問視される。

## イ　銅鐸等

多種多様の鏡や銅鐸等の副葬品、祭具等が広域から多数出土し作成年等の銘記もあり有力な資料であるが、三角縁神獣鏡一つとってみても、わが国内で当時魏と覇権を争っていた呉の工人により作成された説が有力で、「卑弥呼が魏王から銅鏡100枚賜る」の裏付けとしてはやや疑問がある。銅鐸が古代史にどのように位置付けされるか不勉強の誹りは免れないが、昭和53年宇佐の別府（ビュウ）遺跡の水利工事中竪穴住居址から小銅鐸が発見され、九州は銅鐸圏外であり、しかも全高11・8センチの小型で話題となった。小銅鐸の発見例は朝鮮では平壌付近に多く、慶州にはまれであるが、別府小銅鐸が慶州市入室里（新羅）のものに近似することが注目されて報告書は「弥生前期乃至中期にこの小銅鐸もわが国にもたらされて、後期を通じて伝世し、恐らく弥生時代終末期に至って、ここに破棄されたものであろう」とあった。先日遺跡を訪ねると小銅鐸は何者かにより外国に持ち去られ、遺跡は跡形もなく消え去っていた。

### ウ　吉野ヶ里遺跡

吉野ヶ里は、ＢＣ1世紀頃から3世紀頃栄えた大規模な環濠住宅遺跡で、平地における古代独立集落国家の典型的な防塁跡で、魏書に見る邪馬台国の卑弥呼の居館を思わせるところから邪馬台国に比定する説もあるが、卑弥呼は女王となってからは奥に引き篭もり姿を見せなかったという神域が遺跡とそぐわず、伊都に大卒を置く必要も考えられないことから疑問である。またその成立ち、構築部族集団等についても内外の文献は無く歴史的な解明は進んでいないのが現状であり何ともいえない。

### エ　稲荷山鉄剣

最近稲荷山古墳からワカタケル大王の銘文のある剣が出現し、これは江田船古墳出土の鉄刀と共に国家レベルの統治者の存在が推測される第一級の資料であるが、惜しむらくは、これに続く文字の書かれた剣や木簡等これに類するものが中央で見つかっていないことである。このため今のところ文面の解釈が別れ、この王が有力豪族の大王か天皇家に係る王か、また一時的な特定地域の王か相当長期続いた別の大王家か証明できず、何ともいえない。近時6世紀末の寺跡から多くの木簡が出土し一部の僧侶が日常的に文字を使用していたことがわかってきたが、他の地域にはまだ発見されていない。8世紀始めの日本書紀は各地の文献を集め編纂したとされているが、それらは殆ど残されておらず処理された説もあり残念である。

## （3）歴代天皇の事績の評価

神武以来の歴代天皇は、史実はともかく膨大な事跡は何を意味するのだろうか？

文字の無かった時代数百年の言伝えがいかなるものかその真偽について議論しても仕方ないが、個々の事件については真実も創作も交々だろう。問題は歴代天皇の業績である。神武天皇以下千数百年天皇として君臨したとされる記述が歴史書と見れば何が創作で何が史実であるか大問題であり学問の大家が今なお甲論乙縛であるが、此処は有用性から考えて、古来日本列島における人間の生き様を具体的に説明した神道の教義書と見てはどうだろう？　即ち、列島の民がこの地に生を営み始めてから芽生える信仰心の進化を歴代天皇という人間により表徴させたものであり、それは神道という宗教が芽生え教義化してゆく過程を説明しているとも考えられる。

# 8 神仏の出会い

神や仏も抽象概念で、史実も不確かな古代、神仏を論ずることははなはだ難しい問題であるが、できるだけ確かな事象を取り上げ考察したい。

## (1) 自然発生の宗教と人為的な宗教

本来信仰は個人の心の問題で自然発生的であり、古代中国では早く道教が生まれ、人為的な仏教が前漢の終わりごろ伝わり自然に広まったが、5世紀頃までは、道教と仏教の区別はあまり厳格には考えられてはいなかったようである。わが国に道教が何時頃どのように伝わったかは定かではなく、根底に自然崇拝と神仙思想や不老不死の願望があり、中国では奇道とも解釈されている道教の発生過程はわが国の部族の信仰とあまり変わるところは無いが、渡来人により何らかの形で自然に持ち込まれたのか否かは何ともいえず、またこれが自然発生的に生まれた神道や山岳信仰に影響を与えたか否か、またどのように係ったかについても全く不明である。

## （2）信仰と権力闘争

邪馬台国は別にして、天皇制が確立された時期に近く史実的にも確かな権力闘争は衣摺りの戦であり、この戦いは倭国最大で最後の大豪族と言われる物部氏の政権を、それ程対抗できる名前も力も持っていたとは思われない曽我氏が武力で奪い取った事件である。当時の国民特に物部氏側の信仰は、古来の自然発生的な土俗信仰であり、仏教のような普遍的な神の概念は未だ無く、信仰の対象も個々の自然物が殆どであった。一方の曽我氏は6世紀渡来したての仏教を信仰し布教にも力をいれていた。一般的には神と仏の人を引きつける世俗の力は、時代とともに人知を尽くして発展させ、当時病気治療や精錬、稲作灌漑土木等優れた知識技術を駆使した僧侶を擁する世界宗教である仏教の方が強い。この戦は、武力の差というより曽我氏が仏教と、仏教を信仰する聖徳太子という聖人を味方につけた勝利の賜物である（戊辰の戦役も

３００年続いた強大な幕府軍を永く雌伏していた朝廷という錦の御旗信仰を味方にした倒幕軍の勝利であった）。

## （3）土俗信仰神の普遍化

昔から今なお宗教対立は侭ならぬものであるように、衣摺りの戦後も敗れた物部を含め国民の多くは異教である仏教に違和感と警戒心を抱いていたことも事実であろう。朝廷自身も同じで、聖徳太子は異教に味方はしたが、国内の信仰は対立を深めつつあったことは想像に難くない。此処において朝廷は宇佐（神宮）の地にある鷹居社（祝大神比義）の宣託を受け、今まで一土俗信仰に過ぎなかった誉田別の皇子を、応神天皇の霊に変質させ、人格神として仏教に並ぶ普遍的な信仰である国家神道に格上げしその母を神宮皇后とした。なお宇佐神宮が何故朝廷と深く係っていたのか明らかにすべき問題であるが納得できる資料が無く不明である。ただ、宇佐の地は天孫降臨の豊葦原瑞穂の国として天神が始めて歩を印し、その地で土着の辛島、大神の先祖が祭祀を営んでいたふしがあり、天皇家もこれと暗黙の了解があり、当時もその宣託は世俗の政治権力を上回る力を持っていたことが考えられる。いずれにしてもこうして古来の土俗信仰を普遍的な神の導入により強化するとともに、同族蘇我氏を乙巳の変により倒し、真の天皇家が誕生した。しかしこうして二大豪族は倒したものの人間の古来の信仰心はおいそれとは変らず、神仏の対立の激化は増すばかりだったと考えられる。

## (4) 神仏の習合

此処において天皇家はまたもや宇佐神宮の託宣(宮司辛島氏)により、神仏の関係は対立するものではなく相補完するものであるとして、初めて同一境内に神宮寺として弥勒寺を建立し、「講堂に弥勒菩薩を、金堂には薬師如来」を安置させた。これが世界でもまれな現代も生きている宗教観である神仏習合思想で、天皇家は神(国家神道)を、仏教信者は仏を信仰の対象としたが、深刻な宗教対立を生むことなく、国家の一体性は保持されてきた。この関係は更に発展し、今も多くの家庭では結婚式は神社で、子供が生まれれば神に感謝し七五三にはお宮参りをする。また亡くなれば葬儀は仏式等田舎の各家庭には神棚と仏壇が並べられている家も多い。

# 9 史実の推測

## （1）徐福集団の漂着永住

徐福船団は当時秦朝の高度な技術集団を擁し、日本列島への到着は、それ程困難だったとは思われない。当時列島には10数倍の在来人が稲作の集団化を始めたばかりで海岸付近の稲作適地はほぼ占有されていたと思われるので無難な道はこれを避けて平地と山を目指して三山を求め日本海、太平洋岸、瀬戸内の3海路を利用し30数隻ずつ大船団を組み、3隻1グループとし全国に30数単位分置し霊薬の探索活動を始めたかと思われる。しかし博多湾の名島海岸にも上陸し龍宮城を建てたいわれもあることから、上陸適地や住民の抵抗の情報は十分研究済みではぼ全船団無難に20数箇所上陸を終えたことも考えられる。記紀資料に窺える現住部族との典型的な抗争は出雲の国譲り伝説のみであるが一般的には各所でいろいろ諍いは発生していたと思われる。しかし現実に集団の目的である不老不死の妙薬は在りえないし、手ぶらで帰れば焚書坑儒の刑は免れ得ず、無為に留まれば刺客を送られる事は目に見えていることから、団員は存在を消して裏の生きる道を選んだと考えられる（数人の船団長は帝の息のかかった軍人で徐福の監視目付役でもあった）。しかし先ずは、蓬莱・方丈・瀛州三山の発見である。３隻３００人単位の30グループで手分けし山に向かったと考えられるが、漂着伝説から徐福のメインは敦賀から叡山へ、次が和歌山新宮から熊野へ、他に九州では名峰日子（英彦）山や高千穂等が有力かと思う。その後約１万人の集団は数世代で数万人に増えた資料も見え、吉野ヶ里はその発掘遺跡から徐福の後裔が築いた説もある。しかし始皇帝とその後の帝国の目を逃れる隠れた生き方も、年とともに自らの存在を見つけねば生きては行けぬ。表の秦に対し裏の秦《はた》族が何時からかは不明だが全国に誕生したと推測される。秦部族は当時狩猟漁労生活から抜け出しつつあった素朴な弥生人に比し、先端技術と大船団を操れる集団でありその力は比べものにならなかったと思われるが、ＤＮＡにおいて征服集団では無い探検隊のため、その活動は倭国の政治部族ではなく経済部族となったと考えられる。

## （2）聖徳太子について

聖徳太子は物部氏を倒した衣摺りの戦の立役者とされており、知能聡明にして天皇家を継ぐ最有力者と見なされていた。しかし当時の部族の勢力について一瞥するに、815年の新選姓氏録によれば、記録された部族数は蘇我、源氏、橘等皇別が335、藤原、大伴等神別が404、秦、漢等諸藩が326、未定雑姓が117とあり太子の母方とされる蘇我氏は3分の1以下の皇別の一部族であった。因みに百済、新羅等王族の子孫も加えた諸藩である渡来系氏族も4分の1近い。神代から神を崇拝し天皇自ら神の化身となり国家神道を信ずる皇室の実力者聖徳太子が、仏教を信じる蘇我氏とともに、神道を信ずる物部氏を倒すことは、誰が考えても宗教観が矛盾しており、説明がつかない。強いて推測すればこの為か太子一家は夭折して途絶え本人も重要なポストに就くことなく生涯を終えている。そしてこのままなら一信者の改宗とか党員の転向、政党の渡り歩き等何時の世も変説漢はおり、あげつらうことは無いが、問題は太子が後世聖人君主として紙幣にも登場し、多くの国民が崇め奉り政治思想にも多大の影響を与えてきたことである。いま一つ後述するが秦一族の唯一政治に係った秦河勝が太子の行動に大きく係っていることである。

## （3）憲法17条について

天孫降臨説によれば、皇孫は豊葦原瑞穂の国を統治するため天下って来た。しかし国は乱れ、争いは絶えなかった。誰しも争いの無い平和な社会を願うものであるが、現実は万人の万人に対する優越獲得闘争《たたかい》でもあり、国を治めることは生半可なことではなかった。それでも歴代天皇はやむなく武力による平定を繰り返しつつ漸く悟ったのが憲法17条である。「「和を以って尊しとし、万機公論に決すべし」（夫れ事独り断むべからず。必ず衆と論うべし）を柱とする一応平和憲法としよう」。この平和な桃源郷のような理想社会も、敢えて暴論を述べれば2000年の日本の歴史では卑弥呼の邪馬台国が初めてで数十年間、ついで藤原摂関時代、大戦後の60年であろうか？　内容はともかく2000年の10分の1にも満たない期間である。なぜか？　それは、わが国の歴史も、「古来戦国騒乱の世か武人による統治（幕府）の時代が常である」人類の歴史とそう変わるものではないのであろう。しかし人間はたたかいのなかでも他の動物と異なり、思索し信ずるものを見つけて進まねば生きては行けない。これが信仰であり太子の17条憲法である。換言すれば、平和憲法とはいえその本質は国家神道が理想とするところの宗教教義であろう。

## （4）物部氏に関する一仮説

物部氏についてはその地名や人名が今なお全国にちらばっており、衣摺りの戦当時大豪族であったことと物部氏以外の氏族にそのような具体的な史実が存在しないことから衣摺りの戦以前の古代史において最大の地位を占めるものであることは、間違いあるまい。今一つ物部家にも、天皇家の言伝えとやや異なるところはあるが、天孫降臨、物部東征説があり、大和の地には天皇家より早い時期に進出したことが日本書紀では認められている。しかし物部氏の事跡は日本書紀には殆ど無く、寧ろ消されていることから、歴代天皇の事跡に書かれていることは、物部氏と重なると考えて不思議でない面もある。表現を変えれば、日本書紀は物部氏に近い史実を、歴代天皇という人間で表現していると見ることもできる。

## （5）秦氏に関する考察

記紀では、応神天皇時代に秦氏の先祖天日矛が最初に朝鮮半島から日本に渡来し播磨の宍粟村に至ったとあり、西播磨一帯は秦氏一族の極めて濃厚な居住地である。因みに自然人類学の立場から古代の人口について類推した（弥生時代開始時期の縄文人の子孫たちは約56万人、人口増加率０・２％、７世紀の実際の人口約５４０万としてシミュレーション）一資料によれば、ＢＣ３世紀から7世紀末大量の渡来人があったころの、渡来人とその子孫たちの人口比は約30数％に上り、京の嵯峨野、太秦地区の秦氏の戸数は70％を越え、宇佐平野西部を流れる山国川河口周辺地区では秦関係氏族の戸数が30～80％近い部落が散在する。秦氏は何故か政治の表舞台は避け、経済部族として、技術財政面で社会を支え動かしてきたが、唯一政治の表舞台に出たのが秦河勝である。前述したように14歳の太子を支え蘇我、紀、巨勢、膳、葛城、大伴、阿部、平群、坂本といった有力豪族の殆どをまとめ、大豪族物部に立向かいこれを制し太子存命中は太子を支え続けた。しかし何故か後年太子の子で後継者である山背大兄王が蘇我入鹿に攻撃され斑鳩宮を脱出し、秦一族の濃密な居住のあった深草に向かおうとした際、生存していた河勝は何故か動いた気配は見えない。けれども、平安京を誘致し１２００年の古都を築いたのは秦一族の財政的技術的支援があって初めてできた大事業で、秦一族の殖産的氏族とも言われている所以である。

## （6）吉野ヶ里

吉野ヶ里は、徐福集団が渡来して約1世紀ごろ最も栄えたが、徐福船団が日本列島で最も近い拠点構築の足掛りには最適の地域である。伝説には「徐福は澶洲に止まり還らずとか、平原広沢を得て止まり王となり来らず」ことから平原は佐賀平野、広沢は有明海とする見方もできる。しかしこの地を詳細に見ると、求める三山らしき霊場は近くに見当たらず有明海は内海深く初めて船団を着けるには危険である。このためこの地は、大陸から最も早く安全に上陸できる拠点博多湾近くに上陸し、その後送られるかも知れない刺客集団に備え内陸に移動した防御的保塁を兼ねて構築したものとも考えられる。文献は数世紀後（孫権は２３０年武装兵1万人を澶洲・夷洲に派遣）とみられるように徐福集団は永らく大陸に懸念をもち、生き続けたと予想される。因みに後世白村江の戦いに破れた百済難民も、元寇で苦戦した北条もこの隘路を利用し縦深陣地を構築し大陸からの侵攻に備えている。さて吉野ヶ里は徐福末裔のクニであるなしに係らずどのような暮らしであったのだろうか？　遺跡は、一辺1キロメートルで四周は河川水濠で隔離された2・5キロメートルの長方形にちかく、濠の外には倉庫群が建ち並ぶ一大商業城下町であった。水運は有明海を通じ外海へ、また背後は筑後川、大分川、山国川を経て海部族の拠点海部郡（大分県）や宇佐平野、中津、英彦山に通じ、宇佐平野の長洲港とともに古代瀬戸内海と九州内陸を結ぶ二大港湾に通じていた。しかし倭国の大乱に抗しきれず歴史から姿を消して久しく、後世に大集落跡を残すのみである。

## 10　再度邪馬台国

中国「三国志」によれば、2世紀後半倭国大乱、卑弥呼推されて王となるとあり、239年には倭の女王卑弥呼魏に遣使、魏の明帝は卑弥呼を「親魏倭王」として金印紫綬を賜り銅鏡100枚を与えるとの記述がみられる。さらに247年卑弥呼狗奴国と争うとあることから、卑弥呼の存在を疑うものはよほど外国嫌いか外国不信の天邪鬼以外あまりいないのではなかろうか？　次いで松浦・伊都・奴・狗奴等は九州内の地名でありそれ以外の地名の記述が見当たらないことから邪馬台国は九州内か山口付近まではないか？　またそれよりさらに疑問は、何故日本書紀に記述がないかである。紀記編纂時に地方の語り部や遣唐使から魏書の情報が入っていなかったとは考えられないとすれば、近畿の箸墓や近くの宮殿遺跡が邪馬台国なら堂々と史実に基づき歴史を展開すべきであるが（反面、豪華な箸墓や宮殿跡は、当時の環濠遺跡や鬼道に仕え王となりしより見ある者少なくとある卑弥呼の半隠棲的生活とはそぐわない見方も考えられるためか）、これに触れれば何か都合の悪いことがあったとしか考えられない。一方、邪馬台国は憲法17条のモデルとなったただ一つの理想郷である。遠国九州にあったと史実を記述すれば、神武東征との関係は繋がるが、同時期近畿地方に急速に力をつけた諸大王との東征に伴う権力争いが生起し、その内容によればいずれかを抹殺せざるを得ない。即ち近畿には九州地方から東へと広まった前方後円墳を構築した有力諸豪族が既に版図を築き、簡単に進出する余地はなかった。いずれにしても触れないほうが無難だったのではなかろうか？

## 11　宇佐の地

宇佐の地名は、昔宇沙都比古、宇沙都比売が神武東征時この地に先行して出迎えたため付けられたともいわれている。宇佐平野の南端を東流する豊川（今は駅館川という）の南岸台地上に拓け、背後に標高６００メートルの霊場御許山（大元山とも書く）を、西に和尚山遠くに八面山や英彦山の山並みを遠望する神域である。宇佐の地は、最も古くは道教とも期を一にする北辰（北極星）、隠居神、若宮、まつろわざる女酋と日本書紀にある神夏礎媛（卑弥呼とも言われる）、大御神、新羅神、薬師如来、弥勒菩薩、八幡神他諸々の神々を祭神として地域、時には広域の信仰を集めてきて、その祭祀は古くは渡来系で土着の辛島氏次いで大神氏が執り行っていたと言われている。また最近では豊川右岸台地上や左岸に数キロメートルに及ぶ大規模な環濠遺跡も発掘され、邪馬台国説もある。もし邪馬台国であれば、17条憲法の理想とする桃源郷であり、見かたによれば神武天皇は、此処邪馬台国を国内平定のモデル地区として東征し、歴代天皇も各地の豪族と暗闘を繰返しつつ、7世紀には中国の律令制に倣い国家統一を図り、統治理念を聖徳太子に17条憲法として発布させたとみることができる。この長い道のりは女王卑弥呼（天照大神に比定）の巫女的信仰から始まり各地の土俗信仰の神を現人神に統一し（応神天皇比定）、仏教とも争わずに共存を図り到達したものといえる。この天皇家の根本理念に係る神々を宇佐神宮は、三つの神殿に拝し中央第二神殿に比女乎（卑弥呼）向かって左第一神殿に神宮皇后（天照大神）、右第三神殿に応神天皇を配している。更に仏教に配慮し宇佐神宮は八幡宮とし、九州の片田舎にも係らず現代も全国4万余の八幡神社の総社として崇拝されている。

## 12　徐福と卑弥呼と聖徳太子

徐福は始皇帝の高官（方士）で、船出を準備し出航したのは山東半島の童子村であり、ここは道教発祥の会稽に近い。また徐福、卑弥呼、聖徳太子の三者とも古来、戦乱の絶え間ないといわれている時代で表舞台の武人ではない祈り（信仰）を生き様として時代を駆け抜けた。状況証拠ではあるが、この三者を裏から強力に支え歴史を動かしたと思われる集団に秦氏族が存在する。秦氏族については、その氏名が全国にあり特に山城の太秦、宇佐平野北部の中津周辺、播磨等に秦名が多い。さらに秦氏族は聖人聖徳太子も秦河勝が後見として強力に支え天皇家の礎をも築いた。喩えは適切ではないかもしれないが、今も世界に隠然たる力をもって裏の社会を動かしている民族にユダヤがあるといわれており、秦氏族もその名を表に出すことは少なかったが、高度の知的集団として、財政技術面から古都京都の平安京を誘致造営し、2000年近く祈りの家系と実社会を支えてきた功績は少なくない。

## 13　日本書紀以後の信仰と政治

日本書紀の編纂者から見れば、王権は神から天皇家に与えられ、その統治する理想社会については、天照大神や神宮皇后、応神天皇、卑弥呼らが集う、争いの無い邪馬台国という平和社会のモデルがあり、それを具現する憲法17条も定めて天皇家を中心とする日本国家は、万世万々歳と考えたに違いない。しかし皇統については神ならず人の世、相変わらず身内から継承争いが発生し終には折角並存を認めた仏教大僧正の道教からも皇統委譲の動きがあったが、これはまたもや宇佐八幡宮のお告げにより阻止しえた。信仰については古来の神道と新興の仏教が民衆と政治に係りながら盛衰を繰り返し今に至っている。政治については国を統治すべき天皇家が、力（武力）を基盤にした政治力を保有せず政治に直接関与しなかったため、武士が台頭し、武力を背景に政治に係り群雄割拠の戦国と幕府政治の世が永く続いた。しかし、1000年以上政治から距離をおいていた天皇家が、徳川末期に幕藩の内圧と開国の外圧により政治に利用され、祭り上げられて、明治大正昭和の天皇は大元帥として君臨した。これは完全な祭政一致で神国日本の宗教国家が邪馬台国以来始めて成立したともいえる。しかし真の神ならぬ現人神の身、昭和の大戦では、国民は臣民として一致団結、強力な神国軍として事にあたったが、諸外国とのたたかいに失敗し敗戦を迎えた。この敗戦を軍人や外国で悲惨な終戦を迎えた一部の国民を除き多くの日本国民は戦争の実態を知らずただ先代の非をあげつらうばかりである。新憲法では祭政一致問題については政教分離政策で邪馬台国モデルは一応クリアーしたが、17条憲法については、平和憲法として復活した。明治から昭和にかけたこの80年は、信仰と政治がともに手を携えて国策を進めた珍しい時期であるが、新憲法については、その制定と理想とする根本理念に大きな蟠りが、国民の間に生じつつある故、もう少し検討してみたい。

## 14　日本国憲法

現憲法については現在も賛否こもごも国論二分の感がある。現憲法は前文と本文からなり前文は、他国を信頼し諍いを起こさず公論により解決を図ろうとする17条憲法の理念と同じである。本文も、このため武力も保持しない平和国家とし、これも聖人聖徳太子が邪馬台国を理想とした宗教国家の憲法と類似している。宗教国家といっても祭政のウェイトの問題であり、今も徹底したイスラム原理主義国家、旧ソヴィエト共産主義国家、北朝鮮等珍しいことではない。只日本国憲法と根本的に違うのは、片や強力な武力を保持して国の存立発展を図り、片や武力を保持せず他国を信頼して平和を保とうと考えている。しかしこのため、徹底した宗教国家である北朝鮮や中国は、武力を放棄した平和国家日本は遠からず消滅する国と嘲笑っており相手にしてくれない。向上心と闘争心、愛と欲望が、人間から消え去らない限り人間社会は、愛（信仰、祭）のみでは愛さえも信頼されず、欲望の渦巻く政治社会に呑込まれる運命にあることは律令政治の崩壊後1000年以上武家が国家の統治運営にあたってきた事実を考えれば、中国や北朝鮮に言われなくとも自明の理であろう。今一つ平和憲法について見てみよう。東洋では一～二の人口と国土を誇る大国インドに無抵抗運動の聖者ガンジーがいた。数十年経てインドは、世界の核不拡散の流れに抗し、隣国パキスタンと相抗して核武装に舵を切り今に至る。この間インド憲法はいかに対応したか不明であるが、恐らく平和憲法ではなく（核）武装さえ認める自主憲法であったと考える。いや国家の自主独立と安全の保持は、憲法以前の問題であり、印パ両国民は憲法抵触問題など一顧だにしなかったであろう。即ち、世界の実情を見るまでも無く、国の安全の施策は憲法の上位に位置する問題であり、若し新憲法には記述が無いと解釈すれば、国防問題は憲法に制約を受けないし、逆に新憲法9条でこれは否定されていると見れば、憲法は直ちに改正する必要がある。しかるに現実は60年間放置している憲法に対する国民の本音は「たかが憲法……（されど憲法）」と自嘲気味で、軍自体も「自衛隊の憲法違反訴訟や、空軍のイラク派遣は憲法違反の判例をみて、派遣軍指揮官は（そんなの関係ねえ）と悲痛なシグナルを送る」も、行政の長は知らん顔では、命を賭けて国難に尽くす軍人は浮かばれない。この立枯れつつある憲法を生かす最善の策は、英国のように成文憲法を無くすか、多くの国民が納得して守れる憲法に改正するしか道はない。国を預かる文民特に国政のトップがこの問題を蔑ろにし、姑息な手段で真剣に議論さえせず永く政争に明け暮れこれを弄ぶ現状は、憂慮すべき状態といえる。かってわが国に2人の著名な、「もの書き」がいた。1人（大江）は武人を国の恥辱と蔑み、反対に1人（三島氏）は、国のため命をかける武人を認知しない国家（憲法の戦力不保持）を憂え、市ヶ谷台上で壮絶な割腹自殺をした。

## 15 政治（まつり）と軍事（戦い）

人々の祈りは、政治《まつりごと》の根底［理想・理念］であり、たたかい（軍事、戦い）はその［現実・追求］でもある。人類の永い歴史をみれば、その活動は政治と軍事の闘ぎあいでもあり、本来軍事は政治の延長であると戦争論等古来の軍事文献は、軍事の政治に対する奉仕を規制しているが、軍事の暴走を嘆き非難するだけでは始まらない。「理想無き現実は盲目であり、現実無き理想は空虚である」のとおり、軍事も政治も同じ国内の国民自らの問題であり、国民の協力支援なくして進まない問題である。この際特に世の中、万事理念・目標がしっかりしていないと、物事（実行）は上手く行かないものである。話のピントが少しずれて申し訳ないが、戦後ピントの外れた知識人とも宗教人とも言える南原、村山や大江氏がいた。南原は戦後の第一級の政治家吉田から「曲学阿世」と叱られた。反対に気骨のある政治家では吉田と肝胆相照らす仲の白洲は、占領軍に対し「日本は戦争には負けたが米の奴隷になった訳ではない」と一喝し国民を鼓舞した。以前、自衛隊の憲法違反を党是とする党首が、急きょ総理におされ就任した途端、合憲に早変わりしたことがあったが、この逆もありうる。憲法や軍事を、決して政争の具にしてはいけない。

## 16　宇佐海軍航空隊

60数年前、前大戦激戦の最中、宇佐の地に海軍航空隊が創設された。海軍は既に大艦巨砲主義は廃れ、空母中心とする航空戦の様相を呈し、宇佐海軍航空隊もパイロット養成部隊として新たに編成され、連日戦場に多くの兵士を送り出したものである。しかし戦局は既に急迫し、昭和19年航空機を中心とした特攻作戦が発動され、教官助教が率先し1次2次3次と出撃した。4次5次は、優れた指導者も先輩生徒も出撃して既になく、二十歳前後の技量未熟な生徒の出番であった。当時全戦線泥水啜り草を噛む苦境にあったが、豊川の駅館橋河畔の高級割烹料亭「鴨緑江」では特攻出撃予定者に今生の最後の贅を尽くして歓待した。しかし毎夜「同期の桜」や、「加藤隼戦闘機隊」の高歌放言は聞こえたが酒色に溺れる者は一人もいなかった。翌日の出撃機には多くの住民が手を合わせ祈る姿があり、「悠久の大義に生きる」「後に続く者を信ず」と祈りの遺書が残されていた。神風特攻隊員は、全員生きたまま神と崇められ靖国神社を始め各地に祀られているが、当時最高最新の海軍航空施設も今残っているのは破壊されたゼロ戦の格納庫がいくつかあるのみで農家が倉庫代わりに使っていた。その飛行場跡地の一角に祭具等多数が出土した葛原古墳がある。卑弥呼の墓とも言われている。またここは、維新に優れた最高学府を創設し「天は人の上に人を作らず人の下に人を作らず」と平等の精神で万民を指導した福澤諭吉誕生の地でもある。

## 17　祈りとたたかいの狭間

今の世界は観方によれば、今年の大河ドラマにでる本能寺の変後の混乱にも似ている。大名は天皇家に頼るか（祈り100％）、秀吉側か（核保有大国の傘下）、家康側か（核武装の中小国）、上杉、北条、南部九戸等独自路線（独自核武装の印パ）かの正念場であろう。即ち祈るのみか、力をもって生存の道を探る武士の道か、ドラマは、直江兼続の上杉のように祈りつつたたかい幕末まで藩の独立をまっとうした苦悩の路線をとる信念の生き方をとりあげている。さらに歴史の主流は移り、幼少から武田による屈辱的な敗戦、信長による妻子の離縁切腹等苦難のたたかいから「厭離穢土・欣求浄土」の腹から絞り出た祈りを旗印とした家康が300年の平和国家を建設した。時は下り徳川体制は外圧内圧により滅亡したが、明治維新後、天皇を拝し祈りつつたたかうこの姿勢は正しかった。けれども、神ならぬ人知の愚かさ故、神と一体となって国民は前大戦をたたかったが、利無く終結を迎えた。今から50数年前、冷戦の最中キューバ危機があった。私は当時新婚ホヤホヤ、ソ連の弾道弾運搬船が米国の喉元キューバに接近し、反転要求の最後通告回答の夜、妻はすやすやと眠っていたが、私は人類破滅の第3次世界大戦勃発か気が気でなく一睡も出来ずうとうとし、朝眼がさめ危機は回避されたことを知った。ケネディとフルシチョフは、(人類の平和を)祈りながらたたかい勝利した有史以来の名将ともいえる。戦いは言うまでもなく、武人のみならず国民も不幸にする。このため孫子は、兵法の第一に「兵は国の大事、死生の地存亡の道、察せざるべからず」と戒めてはいるが、古来身を守るに武力を否定し、祈って事足りると考えた集団はない。

## 18 おわりに

古来邪馬台国論争は、国家レベルの歴史学者を巻きこみ、都城の探求は為されているが、メディアも目前の物的資料のみ興味本位で取上げ、学者も自説の有利性利用に拘泥するのみで、一向に解決される気配は見えない。今後ともこの問題については、卑弥呼や邪馬台国の銘文等明確な遺物が出土しない限り結論が出ないため、古代から由緒ある各地方の歴史好事家のロマンを掻きたて続けるであろう。さて、当初は科学文化の発達した現代の同じ人間の一人として、有史以来の日本人の活動と生き様を調べれば、自ずと結論は見えてくるものと信じ論争が始まったが、結果は全員理工系の出身で堅物の仲間たち、古代から先人達が苦労を重ねて組立ててきた機械の解明・修理を試みたマンモスマシーンは一筋縄では行かない代物である。しかし、永年の祈りに似た想いで始めたマンモス治療の処方箋はいとも単純明快であるが、今となっては体調を診つつ薬を調合し病変を早急に切除できる先哲白洲・諭吉のような名医の再来をじっくり待つしかありえまい。歴史は、約850年前、宮廷貴族達にさぶろう「もののふ」為義、清盛が保元の乱・平治の乱をきっかけに立ち上り、武家政治が始まり、次第に民衆の支持を得て、永い武士の世が続くことになる。

**【編集後記】** 文体は酔狂の中、会話調の内容がストレートに伝わるようそのまま整理したもので、固有名詞等敬語なしで、記述しており失礼の段ご容赦願う。

# II

## ［祈り（祭）とたたかいの狭間］

# 男の本懐

●目次

## 1　はじめに

狭間シリーズで前回、邪馬台国を求めて人間集団の生き様を祈りとたたかいという両面から探索を試みたが、今回は歴史上の個人の生き様について祈りとたたかいの両端からみてみたい。男の本懐についてみるとき、本人が抱いた祈り、理想、理念や志の高尚さといったおもいが根底にあり、この祈りの実行（人生）は千差万別で、生きた人間の数だけ存在するわけだが、歴史上参考になると思われる人物の生き様を探してみたい。本小論は、同期の月例定期酒席で論争した内容の骨子を思いつくままに整理したものであり、紙面の関係上舌足らずや自家撞着は承知のうえである。ご叱正を乞うものである。

## 2　本懐の意味するところ

辞典によれば本懐とは本来の望み・本望とあるように本人の生きる目標、理想理念、生き甲斐、祈りというように一生を決定する最も大事なものである。しかしながらこの本懐が何時どのように生まれ形成されて行くかについては個人の生育環境と関係が深いが、なかなか難しくはっきり資料にもないことが多くこれは生きてゆく仕事の達成過程と併せてみる必要がある。かっては「少年よ大志を抱け」とか「末は博士か大臣か」と大望志望があったが、話を身近にするため、まず酒席仲間の高卒頃の人生目標設定から観ると、昭和29年は新生高校生の卒業4年目で漸く大学受験競争が始まって間もなく、有名進学校は現役で東大合格が数名程度、地方高校はトップクラスの学力でも一浪で合格できるか否かの程度であった。かように当時の高校生も有名大学進学が当面の夢であり目標であったが、受験の腕試しとしても始まった防大に合格してスライド入学した者も多かった。しかし中には、旧軍の父や親戚に薦められたり、満州からの引揚げで辛酸を舐めた経験から進んで受験したり、東大に何回も失敗して止む無く決めたり、変わったのは両方受かり防大に来たり等その想いは区々であった。入学後は、軍官学校として当然軍事の理想像を探究し、「海青し太平の灘、碧濃し小原の岡辺、……」と生きる理念を共有し巣立っていった。

## 3 始皇帝

始皇帝は広大な中国大陸を初めて統一するというとてつもない事業をやった怪物だが、儒教の学者が罵ったように残虐非道の独裁者か、それとも文化大革命中に宣伝されたような革命家だったのか歴史上の人物でこれほど評価が極端に揺れ動いたケースは見当たらない。しかし何と言っても短期間に壮大な事を成し遂げた人物として歴史上著名であり、ある種の魅力も感ずるので、その生き様を男の本懐という観点から眺めてみたい。

## (1) 生い立ち

帝はBC259年、曽祖父が敵対する趙国軍を破り40万の兵を生き埋めにしたころ生まれ、父親子楚とともに、人質として趙都・邯鄲で過ごし、9歳までここで育った。祖父孝文王が即位後僅か3日で亡くなると、父親子楚が、荘襄王として即位し秦都咸陽に帰還した。しかし3年後父も急死したため帝（幼名嬴政・エイセイ）は、13歳で秦王となった。しかし秦王（後の始皇帝）には幼児から人質という生命に係る深刻な問題以外に出生に係る秘密も抱えていた。母は、趙都・邯鄲《カンタン》に商いに来て財を成した呂不韋の女で、子楚が宴会に招かれてきたときの彼女を見初めて貰い受け、嬴政は呂不韋の子といわれている。この事からか呂不韋は先代の荘襄王から丞相の地位と10万戸の所領を得、あとを継いだ年若い嬴政は、彼を一段上の相国とし仲父（父の弟）と呼んで敬愛した。しかし嬴政が秦の王となって9年、22歳のとき呂不韋と母の、また宦官とのスキャンダルが密告により知るところとなり激怒、宦官一族は皆殺しにされ、母は幽閉、呂不韋は自ら毒をあおって死んだ。この事件を境に虎狼のような心の魔性とも言うべき始皇帝の本性が姿を現し始める。この頃までに形成されたと思われる秦王の生き様について以下推測したい。

## （2）大事業を成し遂げるに至った想い

22歳の若い秦王嬴政が人生で初めて直面した最大の難関は、父母ばかりでなく人間不信・愛情不信が高じ、信ずることのできるものは自己のみで、自己のみのために生きる決意をしたと思われる。中国では皇帝が生前に築かせた自己の陵を寿陵といって皇太子が皇帝に即位した次の年から造営を始めることになっていたが、嬴政もBC246年に秦王の位に就くと驪山の麓に自己の陵を造営し始めた。この年代の嬴政は、死についての漠然と関心はあるものの身に迫った切実なものではなかった。また信仰と言っても当時一世を風靡した現世的な幸福を説く後の道教の基盤となった神仙思想くらいで、他人に対する愛情とか思い遣りとか感情的なものには一切関心はなく、唯々弱肉強食、優勝劣敗の世を生き抜く修羅の思想のみだったかと思われる。

## （3）王嬴政の全国統一

このため秦王の治世は、内政外交特に外交軍事で富国強兵施策を徹底し、地方政治は旧来からの皇子を封じる封建制から中央が任命する郡県制を断行、〔これを統括する丞相（行政）大尉（軍事）御史大夫（監察）の三公を置き〕皇帝の下に、中央機構を整えた。また収税や売買の基準となる度量衡、貨幣、文字の統一、道路や大水利土木工事等内政経済を改革充実し、人材の活用を重視し各分野のトップは徹底した実力主義で成果を挙げ得ない者は即更迭し、身内や秦国内に拘らず、鄭国渠を開削した韓が送り込んだ間諜鄭国、統一の実務者楚の若き思想家李斯等征服各国の有能者を広く登用した。こうして兵馬俑に象徴される強大な騎馬軍団の育成運用等内政外交に目覚ましい成果を上げた秦王嬴政はＢＣ２３０年には30歳の男盛りになっていた。この年から当時戦国の七雄と言われた一角韓をかわ切りにＢＣ２２９年、幼児人質暮らしした趙都・邯鄲に攻め込み1年間の包囲戦の末陥落させ趙を滅ぼした。続いて燕・魏・楚を、最後はＢＣ２２1年斉と次々に周辺雄国を傘下に治め、ＢＣ２２０年38歳の若さで中国全土を統一し皇帝となり戦国の世を終わらせた功績は大きく、並みの人間から見ても、本懐を遂げておつりがきても余りあるが、後世始皇帝と称されたこの時点で何を生き甲斐としてさらに人生を生き続けたことだろうか？

## （4）全国統一後の秦王の生き甲斐

思うに、広大な版図を維持管理する月並みな夢ではなく、何れ迫りくる人生の終わりにいかに対処するかではなかったかと思われる。当時、まだ三大世界宗教も現われてはおらず、中国でも素朴な不老長寿の願望や神仙思想は盛んではあったが、それ以上の納得できる死生観も生まれておらず、有能な方士を多数宮廷に招き講義を聴くも、もとより納得できず、挙句は焚書坑儒でけりをつけることになる。この神仏は基より死者にさえ頭を下げない傲慢さでも、半信半疑か藁をもつかむ心境からか方士徐福が現われると、丁重に処遇することになる。徐福については、日中の資料見方等大きな隔たりがあるが、優れた方士で始皇帝の支援を取り付け日本に移住して各地で農業養蚕製織医薬その他の新技術を土着民に教えて崇められたことが日本に現存する数多くの伝承から窺える。（徐福による聊かの寄り道はあったが）始皇帝の最後の本懐は皇帝に即位後着々と進めていた陵の構築であった。全国統一を成し遂げたあと天下の罪人たち70数万人を都に徴集し造成したのは単なる遺骨を納める墓ではなく、不老不死を実現した、死後も生前と同じ生活を続けられる壮大な地下宮殿の構築であった。墓は生前の住居に象られ、侍女や衛士百官が位につき装身具衣服武器等生前と同じ調度品で満たし圧巻は八千体にのぼる兵士と軍馬の俑で、全国統一の野望を十二分に補佐してくれた勇敢な兵士たちを冥土の供としたことであった。秦始皇帝一族の後継者育成指名も追放の身にもかかわらず後継者として帝が指名した優秀な長男扶蘇もとき既に遅く、優れた家系で尊重した三代続けて秦の大将軍を輩出した蒙家一族も、身近においた凡寓末っ子胡亥と、奸計趙高および腹の据わらない李斯の陰謀により灰燼に帰した。

## 4　女の本懐について

今の時代、生物学上は別にして男も女もないが、歴史上は圧倒的に男社会で女の本懐についてては見るべき資料は殆ど見当たらないが、卑弥呼と持統天皇（女帝）という、時代を象徴する素晴らしい二人の女性をはじめに観ることにより片手落ちを戒める。

## （1） 卑弥呼の本懐

邪馬台国については、2～3世紀の状況が魏志倭人伝に国情風俗等についてはの相当詳細に触れられているが、卑弥呼自身に就いては「夫婿無く、鬼道を能くし、霊場奥に篭り近くには男弟一人侍るのみで人付き合いはない」とこれ以上の記述がなく人柄、生き甲斐等推測するしかない。以下次項持統天皇も含め身勝手な推測を試みる。

### ア 生育環境の推測

全く無名の一女性が一代で周辺諸国の豪族の推戴を受け女王に納まることは、余ほどの事が無い限り、一般的には考え難い。在るとすればジャンヌダルクのようにカリスマ性を発揮し男の武力集団を率いる場合か、喩えはよくないけれども麻原彰晃のような新興宗教の特異な教主しか考えられないが、卑弥呼はこれらともそぐわない。とすれば、元々祈りの家系で豪族に仕える一族か、豪族を率いる祈りの家系一族から一代でのし上がった可能性が高い。このような家系や一族では、人間社会を支配する自然を超越した神の存在を信じ、神のお告げに従い、神の声を聞く事が家系の仕事で、古来神子・御子・皇女等多くの女性の巫女がその役割を務めていたようである。後世の神社では巫女が最大の権力を有し、神社を管理する祝とともに同一信仰集団内の意思の決定を司り、地域社会をも支配したりした。卑弥呼はこのような家系内で巫女としての修養を積み、一族は勿論後半生には近隣部族や豪族にも神の分身たる巫女として影響を及ぼし、邪馬台国連合を形成したものと思われる。

## イ　卑弥呼の本懐

周辺豪族の推戴を受け邪馬台国連合の女王となった卑弥呼の本懐とは如何なるものであったであろうか？　陸続きの狗奴国（今の熊本地方か？）との戦争中亡くなったと言われている彼女の想いは如何だっただろうか？　推測するに富、財産、名声、一族の繁栄等世俗の欲望は資料からは窺えず、一途に神に仕え、神の意志を聴き、戦争を終結し、戦争の無い平和な連合国家の回復であったと思われ、一時的ではあったが北部九州に桃源郷の社会を築いた功績は、女の本懐と称えられてよい。

## （2）持統天皇の本懐

鸕野讃良皇女［ウノノサララノヒメミコ］（後の持統天皇）は、中大兄王子（天智）の次女として大化元年（645年）に生まれ、古代の歴史上最大の戦争ともいわれる申壬の乱以後才覚を現し、その後1200年今も続く天皇家の礎を築いた功労者であり天皇家は勿論日本国にとっても誇れる男女を通じ最大の本懐を果たした人物ともいえる。

### ア　持統天皇の生育

幼名は、鸕野讃良皇女、母は改新政府の右大臣蘇我倉山田石川麻呂の娘の遠智娘である。実姉大田皇女とは、ともに大海人皇子の妻で姉には大津皇子、妹の鸕野讃良には草壁皇子がいた。母遠智娘にエピソードがある。父石川麻呂は、最初中大兄皇子には、長女を嫁がせようとし婚姻が実現しようとした夜、石川麻呂の異母弟蘇我日向が新婦を強奪してしまったのである。当時政略、近親結婚は当たり前だが、困惑する父の窮状を見かね、これを救ったのが末娘遠智娘で姉の替わりに中大兄に嫁いだ。後年、大化の改新の切っ掛けとなった乙巳の変の3人の立役者は中大兄皇子、中臣鎌足、石川麻呂であるが、5年後の大化9年、石川麻呂は中大兄皇子殺害を企てたとして蘇我日向から密告を受け攻め滅ぼされた。幼い鸕野讃良皇女にとっては父が祖父を謀殺した事件であった。さらに斉明4年（658年）中大兄皇子のライバルとして有力視されていた有馬皇子が蘇我赤兄にそそのかされ謀反を企てた罪で絞首刑に処せられる事件が発生している。鸕野讃良皇女と大海人との婚姻はこの前年斉明3年（657年）と伝えられている。鸕野讃良13歳、大海人は27歳であった。大海人は中大兄の実弟だから自分の叔父に嫁いだことになる。他に中大兄は大海人に異母姉妹3人の娘を政略結婚で次々に嫁がせている。しかし鸕野讃良皇女の人生を決定付けたのは、天智11年（672年）6月の壬申の乱であろう。天智10年10月病床の兄天智に呼び出された皇太子大海人が、皇太子時代からの兄の謀略をよく知っているので「皇位を譲ろう」といわれてもさすがにそれを真に受けるわけにいかず、固辞し出家して吉野に隠棲し、鸕野讃良皇女もこれに同行した。この吉野隠棲は、結果からも明らかに大海人皇子の皇位簒奪を目的とする反乱に他ならない。12月天智は崩御し皇太子大友を首班とする近江朝廷と大海人方の緊張関係は徐々に高まり翌年6月大海人皇子の進軍をもって壬申の乱が開始される。乱はほぼ1ヶ月にわたるが、決戦直前近江方2人の蘇我系副将の裏切りにより総大将山部王が殺され、呆気なく大海人方の勝利と近江朝廷の壊滅をもってこの内乱は終結する。翌2月大海人皇子は飛鳥浄御原宮で即位して天武天皇となり鸕野讃良は皇后となった。

## イ　持統天皇の立后時の想い

鸕野讃良は幼少時身近な肉親、親戚同士の血の闘争の中で育ち、13歳ですでに姉妹3人が嫁いでいる14歳年上の大海人皇子の妃となった。このころ皇族出身の天皇の正妻を重んずる風習は大后制と呼ばれ、7世紀末の天皇制の採用時に大后は皇后と呼ばれるようになり、それ以外の妻は妃と呼ばれ、更に夫人、嬪といったランク付けがなされていた。当時はこのような一夫多妻制は身内を増やし一族繁栄のために決して珍しい事では無く、皇位継承問題に関しては、徳川大奥の世継つくりの争いと変わりなく、違うのは血の繋がった女の家族子孫同士の血のたたかいに、藤原等の神族、蘇我等の皇族も絡んだ壮絶な権力闘争でもあった。当時の人脈については出自、生年等不明な異説が少なくないが、大きくは物部蘇我の二大豪族に祈りの家系の大王（後の天皇家）が複雑に絡んで苦闘の血の争いが続いた。一説として物部系列（守屋、大大王「物部鎌姫か」、鎌足「百済豊璋説も」、天智、持統、不比等）と蘇我系列（馬子、蝦夷「聖徳太子と同一説も」、入鹿、天武「韓皇子説も」）の狭間で立后した皇極（異父子の天武・天智の母説も）、続いて持統・不比等コンビが成立したともいえる。

### ウ　鸕野讃良皇后のたたかい

天武は、皇位を禅譲しようと言う兄天智の申し入れを断り、壬申の乱という有無を言わせない完全な武力闘争で政権を奪取し独裁政権を樹立した。政権の中枢は、皇后や皇子達で固め、一人の大臣も任命されることも無く旧豪族は政治的に沈黙を余儀なくされた、鸕野讃良皇后の政治的地位は極めて高いものとなった。当時の皇位継承については、古くは父子相承（皇后所生の皇子による）から兄弟相承が多く、また推古、皇極等の女帝や嫡子相承（原則的には父子相承）に基づく皇太子の制度が始まりつつあった。しかし、天武の後継者については、偉大な天武の実績から後継を目論む者も、今は武力行使をするわけにもいかず、天武8年（679年）吉野の離宮に鸕野讃良皇后と草壁、大津、高市、河嶋、忍壁、芝基の六皇子を集め、天皇のみならず皇后に対しても忠誠と団結を誓わせる異例の儀式を行っている。更に朱鳥元年（686年）天武は危篤となると病床より勅使を発して、「天下の事、大小を問わず悉く皇后及び皇太子に申せ」と皇太子（草壁）のみならず皇后にも天皇の代行者としての地位を認めている。間もなく9月9日天武は崩御し、飛鳥浄御原宮の南庭に殯宮が設営され皇后はじめ肉親の女性達が籠もった（殯宮とは埋葬までの間亡骸を安置して種々の葬儀を執り行う施設であり、これに籠もる女性は限られておりその他のものは葬送儀礼のために詣でることはあっても籠もることは無い）。殯は、死者との最後の最大の神聖な対面で、その言動は全ての行為に優先する。皇后は沈思し大決断を下す。それは皇太子の地位にあった実子草壁皇子はその性格や才能がよく知られていないが、「比較的凡庸温順な人柄で病弱なおとなしい型」の人物と推測される一方、実姉大田皇女の子大津皇子は、「偉丈夫にして気宇壮大、弁舌さわやかにして博覧強記さらに文武にも秀でて草壁よりも天皇にふさわしい風格と実力とを兼ね備え、人望も集めた人物であった」ことが窺われたことから、大津皇子の殯宮内での言動から謀反の嫌疑をかけて捕らえられ、直ちに訳語田の邸宅内で処刑される。天武の亡骸は二年余りの殯をへて大内陵に埋葬され、鸕野讃良は殯宮において称制し、葬礼終了後の草壁の即位を待つばかりになったが、その目論見は持統3年草壁28歳の夭折により意外な頓挫を来す。草壁の子軽王は7歳の幼少で即位は時期尚早であったがこのままでは他の皇子たちに皇位がわたることが避けられない事態となったので鸕野讃良は自らが即位することを決意する。即ち自ら即位し孫軽王の成長を待ち、天武―草壁直系の皇位継承を実現しようとし草壁の死の翌年正月皇后鸕野讃良は史上四代3人目の女帝として即位し持統天皇となった。

## （3）　藤原不比等の目論み

天皇を頂点とする日本の政治体制は、日本書紀によって初めて客観的に文字（文書）により定立され、記紀編纂当時の大王は、持統であり、天皇の称号もこのときから使われ始めたといわれている。よって書紀編纂のトップは、形式上は大王たる持統にあるが、実質不比等にあり、その根底は父中臣鎌足に由来すると言われている。

### ア　父中臣鎌足と大化の改新

大化の改新は６４５年、乙巳の変をきっかけに始まった国政万般にわたる大改革であるが、その立役者は在位４年、後に皇極天皇の諡とされる宝皇女ではなく、実子中大兄皇子といわれている。実際乙巳の変では飛鳥板蓋宮大極殿で入鹿に最初に斬り付け頭と肩を切り裂いたのは中大兄皇子であり、鎌足は弓を持ち皇子を守り、蘇我の傍系石川麻呂は三韓の国書を不安げに読み上げるだけだった。因みに蘇我本宗家の関係者は、暗殺された実力者入鹿と中大兄皇子の異腹の兄で、現場では「韓人が入鹿を殺した、胸が張り裂けそうだ！」と叫び自分の宮に舞い戻り固く門を閉ざし出てこなかった古大兄皇子のみであった。不思議な事に傷ついた入鹿が転がりながら「まさに皇位にあらせられるべきは天子様です。私に何の罪があると言うのでしょう、お教えください」とにじり寄られた女帝皇極は「私は何も聞いていません、これは何事ですか！」と説明を求め、皇子の奏に天皇は黙って殿中に入ったと記されている。この後も、改革は中大兄皇子が中心にすすめ鎌足がこれを弼け、この二人が改革の立役者だった事は間違いない。ただ、鎌足については藤原興隆の祖にもかかわらず、父母の名や生まれが日本書紀になく、無位無官から神祇伯という神道祭祀の長官に唐突に登場し、天智の死の二年前に死去している。今一人の後世英雄視されている大海人皇子（天武天皇）だが、父は舒明天皇、母は皇極天皇となっているが生年が不明であり、青年時代の活動も日本書紀が記録していないために全く分からない。乙巳の変の入鹿暗殺現場にも居合わせていないし、兄天智が敢行し、日本滅亡の最大のピンチであった白村江の戦いの時も何処にいたのかさっぱり分からない。歴史に姿を現すのは、かなりあとで、しかも登場した初めの名は大海人皇子ではなく皇大弟《もうけのきみ》と隠語めいている。そして兄天智と鎌足ともソリが会わず、兄は4人の娘を嫁にやる等必要以上に気を使っており、天武と同様鎌足も出自生育等今一つはっきりしない人物である。

### イ　不比等と持統天皇

不比等は鎌足の次男として持統におくれること14歳、659年に生まれる。持統即位時に大抜擢され朝廷に姿を現した。娘の宮子が文武天皇夫人となり701年首皇子（後の聖武天皇）を生み、首皇子には光明子を納れ姻戚関係を深めるとともに、「律令を整備する役人」となって同年に大宝律令を編纂し、食封五千戸賜る。二人は共に両親が鎌足、天智として大改革の基を築いたが、本当の思いは何処にあったのだろう？　持統は蘇我傍流の祖父石川麻呂を謀殺した物部系の父天智の娘として、また蘇我本流の天武の妃として複雑な想いが交錯する身ながら、やはり女として母として、腹をいためた実子草壁皇子さらに孫文武の血を残すことが最大の願いであり、不比等がこれに応え持統系の永久政権を確立しつつ藤原の摂関体制構築が日本書紀編纂の真の目論見だったと思われることは間違いないだろう。

## 5　戦国英雄

信長、秀吉、家康は、戦国を征し、新しい歴史を切り拓いた英雄として国民皆認めるところである。それぞれの人間・生き様は研究し、紹介もされ尽くしているので、取上げることは憚られるが、男として本懐を尽くし理想的な生涯であったかといえば、必ずしもそうはいえない故、夫々の人生最後の頃のみ振り返ってみたい。

## （1）信長

信長は天下統一の直前本能寺で光秀の謀反に遭い野望は潰えたが、納得して蕭然と最後を終えたと考えられ「男の本懐」といえよう。信長は、もし最強の部下光秀を警戒しながら慎重に事を進めていれば、信長の信長たるゆえんはなくなり、天下は遠のきもっと早く挫折していたかも知れない。

## （2）秀吉

秀吉は生まれが恵まれず元々大望を抱く家系ではなかったが、人に仕え人の使い方が独特で明るい派手好みの性格から頭角を現し、望外の天下が転がり込み理想的な男の本懐を遂げた。

## （3）家康

家康は三河の小大名に生まれ、幼少の頃今川の人質として育ち今川の姫を妻とし、桶狭間後三河に戻り、信長と同盟関係になった。長男信康は、信長の一字とその姫をも貰い、同盟は磐石となったかに見えたが、妻と信康が武田の残党と通じていると信長から証拠付けられ、二人とも切腹排除されるのやむなきに至った。並みの人間だったら最愛の妻と長男に切腹を強いられたら、堪忍袋の緒が切れ家の存続を賭け立向かうと考えるが、強いる方も強いる方だが耐える方も耐えた。家康は人質という境遇から耐えることは常人より強かったかもしれないが、これは異常であり、信長もこの忍耐強さというか生き方を知っていたからこそ無謀とさえ思える処置を強いたものと思う。そしてこの事件が大きな要因となり、次々起こる戦乱を「厭離穢土欣求浄土」の旗印のもと戦い、秀吉の数々の誘い仕掛けにも耐え、関が原で本懐を遂げたといえる。

# 6　軍人と外交官

わが国の歴史上、軍人（武人）は、永い間社会を動かす大きな役割を果たしてきた。他方外交官は、明治後年国の存亡が懸かる大きな問題が生起したため、軍人と気脈を通じて危機を乗り越え、国家隆盛の端緒をつくった。日清戦争は、清国自体の原因により結果は我が国の勝利に終わった。日露戦争は、国民特に軍人と外交官が真剣に国益を考え夫々の職務を積極的に遂行したため未曾有の国難を乗り切ることができた。

## （1）日清戦争における日中両国の実体

日清戦争の頃の中国の国情は、西欧列強の植民地主義の蚕食により悲惨を極め、400年続いた征服王朝清政府は漢民族の心からは離れ、内政外交軍事とも数千年の歴史を誇る東洋の強大国は名ばかりで、実体は国家の体をなしていなかった。そして更なる悲劇は、この実態を政府要人も眼を開いて認めず、日清戦争に突入したことである。一方のわが国は幕末の開国をめぐり国論は二分したが、戊辰戦争により国防に向けた民意は高揚し西南戦争を経て、西欧の植民地獲得戦争から後進未開の小国を如何に守るか国を挙げて取り組んでいた。このため日清戦争は、武器兵員数においては圧倒的に中国が優っていたが陸海戦とも日本が圧勝した。しかし、10年後の日露戦争は、わが国としては初めての西欧大国との近代戦であり、苦闘を強いられた。

## （2）日露戦争時の国家戦略

眠れる獅子中国と戦った日清戦争は、獅子が眼を覚ます前に終わった。列強の植民地獲得競争は、三国干渉にみるまでもなく依然衰えることなく特にロシアの南下満蒙経営政策は強大な武力を前面に進められた。わが国は、自存自衛が最大の国家目標であり最終的には武力解決以外あり得ない状況に至った。日露開戦の時期は、時間と共に極東における兵力差は広がる故、準備整い次第早いほうが望ましく日英同盟締結と共に促進された。また武力戦になった場合、当時陸海軍戦力は極東露軍だけでもわが国を上回り、1年を経ずしてシベリア鉄道の片道輸送とバルチック艦隊の回航により陸海共に数倍の戦力差がつき、まともな戦争は望むべくもなくなる。このため全力をあげて速やかに極東露軍を叩き、わが戦力は無駄な損耗を無くし温存し、出来れば早期講和に持ち込むという大山・山本両参謀長の戦略目標に基づく戦争指導に余念がなかった。

## （3）日露戦争における外交

外交は国策を有利に進めるための外国との折衝交渉であり、内政軍事とも緊密に連携しながら進めることは論を俟たない。以下くどくなるが開闢以来の外交を優れた識見で成功に導いた外交官の活躍を見てみることにしたい。

**ア**　林董という変わった経歴の持ち主がいる。林は旧幕臣系で旧幕時代の少年期横浜で英語を学び後外務省きっての会話達者かつ英文上手の評もっぱらで齢17歳の慶応2年（1866年）に幕府の英国留学生に選ばれた。幕府が瓦解し帰国を命ぜられ横浜に帰ったとき、おりから旧幕府の海相榎本武揚が旧幕艦隊をひきいて品川沖に錨を下ろしているのを知り、これに投合して函館までゆき五稜郭にこもった。この間榎本は自分達の行動について国際的な理解を得ておこうと思い、行動の本旨を書いて林に英訳させ英公使パークスに送りつけた。パークスはその英文を読み、巧みさに驚き「脱走した旧幕軍の中に英国人がいる」と思ったという逸話がある。林19歳のときである。結局、こと破れて榎本等とともに降伏し、林は他の5百余人と津軽藩に預けられ青森の寺院で拘留生活を送った。この時、官軍参謀黒田は拘留賊徒の中に英国人と同程度に英語ができる人物がいると知りひそかに林を呼び、彼だけを東京の新政府で使おうとした。林は「皆と一緒に釈放されるならいいが、自分だけならお断りする」と言って断った。後これが薩摩系政府要人の評価を高め、明治24年外務次官、同30年駐露公使、同33年駐英公使に転じ、寿太郎と共に日清日露両戦争の外交上の最大の立役者になった。即ち、この時期露国は、旅順を租借し満州に鉄道を敷設し、陸軍も駐留させ満州支配を着々と進め、北朝鮮にも開発企業を進出させ、朝鮮支配をも目論み、またシベリア鉄道の工事を加速し大軍の東進を容易にしつつあった。この時期打てる手はロシア以外の強国英独等を味方につけることであったが、思いがけず林の前に予想もしない「名誉ある孤立」と称して永い間他国と同盟を結ばなかった超大国英国から日英同盟の話がちらつき始めた。林は直ちに本国に打電し了解をとり、壊れないよう慎重に話をすすめ、明治35年1月30日日英同盟は締結され、日本は白熊の餌食になることだけは免れた。

## イ もう一人は国民的英雄ともなった小村寿太郎である。

### 1 生い立ち

寿太郎は、ペリー来航2年後１８５５年日向飫肥藩の武士（徒士）の家に生まれ、藩校で四書五経をはじめとする伝統的な古典教育を受けその成績はつねに最優秀で、飫肥藩第一の人物といわれた小倉処平に目をかけられ長崎の英語塾に入り１８７０年東京の大学南校に入った。明治8年大学の「法学科本科生徒」として在学中、文部省留学生としてハーバード大学の法学部に入学し明治10年23歳で卒業、そのあと足かけ3年ニューヨークの法律事務所で働き実務を見習った。帰国後外務省の翻訳局で翻訳の仕事に従事したが、当時薩長藩閥専制の時代に飫肥藩の師小倉が西南戦争において西郷とともに起ち、戦い敗れて自決してしまったため、誰一人頼る人のいない官界の孤児となり以後10年北京赴任まで不遇の時代であった。しかし小村は元々国権主義国粋主義者で国事しか念頭になく、私事については貧乏も意に介せず「勉強と品行さえ他に秀でていれば何も恥じる事は無い」という自信と信念のある少年であった。国内政治については、当時政官界は藩閥政治の下、政党政治の揺籃期で政党は私利私欲のために集まった主義思想も無い徒党であり入党を勧めるものもあったが、国家の外交をかかる党派に任せることは危険であると断っている。

## 2　駐清（代理）公使時代

そんな小村に運がめぐってきたのは明治26年駐清代理公使として北京に赴任してからである。清国赴任の内実は登用というよりもむしろ冷遇の続きのようで翻訳局長のポスト削減を機会に欧米のエリートコースではなく左遷と考えられていたアジア在勤となったものであった。しかし小村は、「シナ在勤は自分の希望するところで自分は欧米のことはわかるがシナのことはわからない」と、欧米の研究書を耽読し在北京の日本人や外国人の消息通から広く意見を聴取し日清開戦の場合を考え、勝敗の見通しに深い関心を持ち清国軍の規律士気の現状から清国軍は恐れるに足らずとの結論に達した。さらに「朝鮮は必ず東洋の動乱の原因となり、それは日本の盛衰を左右する根本問題であるが、シナが実力を顧みず朝鮮支配を主張しつづける以上、日本はシナと決戦するのが上策である」と考えるにいたり、これがその後の小村ひいては日本の対清、対朝鮮政策の基本となった。日清開戦は小村の着任6ヶ月後朝鮮で東学党の乱が起こり急テンポで日清の対決へと進む。小村は情勢が切迫して開戦が不可避と判断すると、東京から訓令が到着する前に、「こんなことをしていては戦争の時期を失してしまう、よしこの俺が戦争を始めてやろう」と自分の判断で国交断絶を通告し、公使館の旗を降ろして北京をひき揚げてしまった。東京到着の時、外相陸奥は品川の駅まで出迎えに行き、小村は叱責を覚悟して帰って来ましたというと陸奥はそれを遮って「あれはあれでいい、時局は足下の説のごとくなった」といい、陸奥がことごとに小村を重用するようになったのはこれ以降であった。

### 3　外務大臣時代

翌28年日清講和条約締結に尽力し10月駐韓公使、翌29年外務事務次官、その後駐露公使、駐清公使等を経て明治34年9月外務大臣に任命される（桂内閣）。さて、日清戦争後の独仏露の三国干渉は、西欧帝国主義国家が、自らの手を汚すことなく、清国への支援協力を名目に、更なる清国の分割割譲の始まりであったが、各国内事情、既獲得権益、軍事力等からその手段には違いがあった。世界にユニオンジャックを立て、中国貿易の80％を占める英国は門戸開放と伝統的な非同盟主義で一国が突出してくる事を最も恐れていた。特に最強の軍備国帝政ロシアが、満州を勢力圏に入れることは好まないが、英国自らが一戦交えて阻止する意思は無かった。後発の米国も伝統の不干渉非同盟主義で英国と歩を共にして、独仏は英国を刺激せず露国のおこぼれ頂戴で概ね満足であった。露帝国のみが最も強力に兵を進め満州では満足できず、朝鮮を足場に日本進出を顕わにしており、日本は清国の二の舞を避けるため、伊藤、井上等元老の日露協調派と対露武力派桂、小村等親英派の考えの対立があった。桂の考えは、「親露論は、ロシアに敵対する事は到底不可能だと言う考えに基づくものであり、維新以来の日本の苦しい経験を考えればまんざら無理でもない、しかしこれは一時の平和論であって、ロシアは満州をとれば韓国にも手を出し、いずれは日本と衝突せざるをえなくなる。さもなければ、ロシアの言うがままに屈従するしかない。」のであり、英国は全世界に領土をもっていて日本まで取りにくる心配はないのだから、英国と組んだほうがよいという考え方だった。しかし伊藤、井上は最後まで自分達の考えを捨てなかった。1901年秋エール大学が伊藤に名誉博士号を送る事になり訪米し、帰途欧州周りで訪ロするためパリ通過の際、林駐英公使から日英条約交渉の進捗ぶりについてブリーフを受けたが、それでも自分とロシアの意見交換が終わるまで最終結論は待ってほしいと東京に電報した。しかし日英同盟の交渉が最終段階にかかり、もし伊藤がモスクワを訪問したら「虻蜂取らず」を心配される、危機的な時期の12月7日葉山で元老会議が開催され、桂内閣の方針に元老が全員一致で合意した。この時提出された小村意見書は「ロシアは着々満州支配を固めつつあり、たとえ一時期撤兵しても鉄道を守るための駐兵権をもっているのだから、何れ満州が事実上ロシアに占領されることは疑いを容れない。」と論じ伊藤井上等の満韓交換論は、実際上は不可能と論破している。翌8日に接受した伊藤の電報は依然として日英同盟を結ぶ最終決定を先に延ばすよういってきたが、桂、小村はこれにかまわず、10日には小村意見書に対する天皇の裁可も下りて1902年1月30日ロンドンで条約に署名され、2月12日その内容が公表された。念願の同盟ができると、桂内閣は小村の主導の下、正面からロシアに対して満州撤兵を強く迫ったが、日英同盟締結の通報を受けたロシアは不意打ちを受け渋々満州撤兵を約束し、4月8日に1年かけて1次2次と満州から撤収する撤兵協約が調印された。しかしロシアは1次の撤兵のみは実行したが、2次は約束履行の意思は窺えず小部隊が名ばかりの撤退で、逆に1903年3月頃からは増兵の有様で、9月頃からはシベリア鉄道はもっぱら増援の兵力と軍需品の輸送に充て海軍も戦艦を含む多数の艦艇を極東に回航させた。11月には木材伐採という名目でロシア兵が韓国に越境し龍岩浦を占拠し韓国政府に租借を要求した。韓国も実力を行使して阻止しようとしたがロシア側は無視し既成事実を積み重ねた。そしてついにはロシアの強圧の下韓国の森林管理担当者とロシアの木材会社とのあいだに租借協定が成立した。韓国政府はこの契約が無効なことを宣言したがロシア側は意に介せずそのまま占領と施設の建設を続ける等傍若無人の有様になった。これより先6月わが国は御前会議を開き「韓国についてはその一部たりとも、またいかなる事情があってもロシアには譲歩しない、ロシアがこれを承諾しなくても万難を排してその目的を達する」対露基本方針を決定している。このためロシアの龍岩浦占拠はロシアが撤退しない限り、それ自体すでに開戦理由は整っていたと考えていた。しかしもう一度ロシアとの間に平和解決の可能性がないかどうか探求するため、「日本は満州における東支鉄道沿線のロシアの特殊権益を承認し、ロシアは韓国における日本の優越的地位を承認し、ともに清韓両国の領土保全と機会均等を約束する」提案をしたがなかなか返答がなく、やっと対案がきても、逆に強硬になって還ってきた。もう交渉、事態がここまできては戦争しかなかった。1904年1月12日の御前会議で、最後にもう一度ロシアの考慮を促し、もしこれ以上回答を遅延するか不満足な回答の場合は談判を断絶して、必要な独自の措置をとる権利を留保する旨ロシアに通告するという小村の方針で固まった。その後3週間たっても返事はこず、2月5日交渉打ち切りの通告のあとも入れ違いにロシアは若干の修正案は出して来ているが到底大幅の譲歩といえない内容であり、1月下旬にはロシアの強力な部隊や軍需品が鴨緑江方面に輸送され極東諸州とシベリアには新たな動員令が下され、ウラジオストックの知事は邦人のハバロフスクからの退去を命じ、旅順のロシア艦隊は修理中の一艦以外ことごとく港外に出た。これはもはや臨戦態勢であった。

## 4 日露開戦

1904年2月5日、日本政府は交渉の断絶を電訓し追いかけて国交断絶、公使館撤退の公文をロシア外務省に通知する電報を打った。館員は徹夜で電報を解読・英訳し、粟野公使は翌6日午後4時、ラムスドルフ外相に公文を手交した。これを受け2月8日ツアーはアレクセーエフに対し「ロシア側からでなく日本側から軍事行動を開始するのが望ましい。しかし日本艦隊が上陸部隊を伴うと否とにかかわらず朝鮮西岸において北緯38度線を越えるならば、日本からの攻撃を待たずにこれを攻撃して差し支えない」旨訓令を発した。そして日本海軍は8日、仁川沖と旅順港外でロシア艦隊を攻撃し、ロシアでは9日、日本は10日にそれぞれ宣戦の詔勅が発せられ武力戦が開始された。陸海軍は、総力をあげてロシア軍を叩き、悲願の自存自衛の国策を達成すべく1年以上にわたり苦戦した。

## 5　講和交渉

奉天大会戦が終わったのは翌年3月20日であったが、28日には児玉は大山の了解を得て、極秘に新橋に着き、迎えに出た長岡参謀次長に「戦争を始めたものは戦争をやめることができなくてはならない。貧乏国がこれ以上戦争を続けて何になる。」と話し、小村の下、強硬意見で固まっていた外務省に戦争の状況からいって、もう一兵の補充も要らない。ただ平和が必要なだけだと説いている。一方、ロシア側は未だ満州に日本軍を優に超える陸軍を保有しており、継戦にとって最大の問題は国内情勢のみであった。日本でも児玉の説得以降、政府首脳は和平を探る政策に一致し、日本海海戦で大勝利を博するや否や、5月31日小村は高平駐米公使に訓令してルーズヴェルト大統領に講和の斡旋を依頼した。ルーズヴェルトは早速ロシア大使を招致してロシア側の意向を探った。ロシア側は、日本海海戦直後、いったんは継戦を決めていたが、ルーズヴェルトの勧誘を受け6月7日になって斡旋を受諾する旨のツアーの意向を伝えてきた。ロシア側の全権は、敗戦国の代表というかんばしくない役割であり人選が難航したが、ウィッテに決まり、日本側も表向きは戦勝者であっても内情の苦しい事は上層部では誰もがわかっていたので、すんなり引き受けるものはおらず、伊藤は固辞して受けなかったので、結局小村となった。出発前に小村が与えられた方針は、まず絶対に譲れない条件は、韓国について日本の自由裁量権を認めさせること、日露両軍は満州から撤兵し、ロシアは遼東半島の租借権とハルビン・旅順間の鉄道を日本に譲ることであった。その次に、できればぜひ達成したいことは、戦費を賠償させることと樺太を割譲することであった。2ヶ月余にわたる交渉の結果は絶対に譲れないと思っていたものは全部取り、プラス樺太の南半分を取ったのであるから、客観的情勢からいえば、小村にとっては、もって瞑すべきもので、本懐だったといえよう。

## （4） 陸海軍の戦略

陸海軍の戦略については、海は秋山、陸は児玉の両軍人の立案実行によるところが極めて大きい。

### ア 秋山真之

#### 1 生い立ち

秋山真之は明治元年3月20日、松山久松藩の禄高10石程度の下級武士（徒士）秋山平五郎の（長男好古より10歳下の）二男として生まれ、幼少より腕白ガキ大将の誉れ高かった。勝山小学校、松山中学時代に漢学塾に、さらに和歌を井手真棹に学び、16歳の時兄好古によばれて上京し、はじめは文学を志し大学予備門（後の一高）を受験入学し、大学（後の東大）受験準備中であった。しかし陸軍騎兵大尉の兄との同居も実家の仕送りが儘ならず、たまたま入学費用のかからない、海軍兵学校の募集を知り受験し合格入校した。成績は優秀で終始トップ、首席卒業であった。これには、出題教官の傾向と問題を整理して絞り、多くの問題集を自ら作り使用し後輩にも残しているように試験対策というか試験術に長けていた面も大きい。

## 2　軍務

卒業して初めての乗艦は、明治16年竣工の1350トンの英国製砲艦で、26センチ砲2門を備えていた。最初の実戦体験は、日清戦争の知覧乗艦時、左舷から巨弾を受け、中甲板から右へ串刺しで、下士官1、兵2名が即死し将校1、兵3が負傷し甲板は血だらけになったもので、後年、この体験で坊主になろうと思ったと述懐している。真之は戦中中尉に、戦後大尉になり明治29年5月11日横須賀水雷団第二水雷艇隊付、11月海軍軍令部諜報課々員に補せられ、翌30年6月米国留学を仰せつかる。上司から君は米で何をするのかと聞かれ、戦略と戦術の研究ですと答えている。また歴史研究の思考法を戦術戦略に導入したマハンを訪ね、何を聞きたいか問われると、研究方針さえ教えてもらえばあとは自分でやると答えている。即ち、彼の考えは「夥しい戦例から原理を採り出し、戦史を再評価し実戦例を批判し、もって自家独特の本領を養うを要す」と記しているように実践的な戦略・戦術の研究にある。明治33年帰国後常備艦隊参謀に補せられ翌34年少佐、このころ海軍戦術に熱中（本人は一生の大道楽と称す）し、世界中の兵書を研究し孫子・呉子マカロフの戦略論、山鹿流軍書・武芸書、能島流海賊古法等から帰納し秋山軍学を確立している。この際多くは陸軍兵書からで、「戦術に陸と海の違いはない」という明確な態度をとっていた。これより先、真之は米留中の明治31年、日露戦争のヒナ型といわれている米西戦争をキューバで観戦し「極秘諜報書第118号」として詳細に報告している。これを見て海軍首脳は、「艦隊の作戦はすべて秋山に任せる」ことに一致した。一方、明治31年9月13日小村（44歳）は駐劄米特命全権公使に任命され、当時事実上日本の外交を動かしていた。因みにこのころの日本の政治について、小村は政党論で、フィクションの政党とシャドウの藩閥政治の私利私欲の集団であって、外国のような祖先からの歴史と血が受け継がれている政党政治とは異なる故、自分は政治には係わらず国家だけに属している外交に専念したと述べている。

### 3　対露決戦

さて、対露戦を決意した海軍が真先に決めたことは艦隊作戦の全てを36歳の真之に任せることであった。問題は艦隊司令官の人選であった。自薦他薦が渦巻く中、誰もが予想もしなかった予備役をまえにした東郷に、山本権兵衛は「君にやってもらいたいことがある。別に大したことではないが、日高の後釜にすわってもらいたい。どうだ」というと、東郷もよろしいとうなずいた。後日秋山との初対面で東郷は、一言「このたびのこと、あなたの力にまつこと大である。」といい、真之もうなずいた。対面後、真之も「あれは大将になるように生まれてきた人だ」と思い、人には持前があると真之は語っている。彼自身3軍を統御して一切不平を言わしめず、各々に分を尽くさせ死地に赴かしめるような、そのような将才などないと思っている。自分にあるのは東郷の統率力をつかって思い切った作戦を展開してみるということであった。日本海海戦は歴史上稀に見る日本海軍の完全勝利で日露戦争の終結へ大きく向かわせ未曾有の国難を救うことになったことは万民の認めるところであろう。

## イ　児玉源太郎

児玉源太郎は、嘉永5年（1852）長州藩に生まれ、困窮のなかに育った。明治元年戊辰の箱館戦争に徳山藩「献功隊」の半隊士令（小隊長）として16歳で参加した。終わると朝廷の命によりフランス式歩兵修業のため大阪玉造にある兵学寮に入り、1年3ヶ月教育をうけ、明治3年6月大隊三等下士官となった。つづいて12月権曹長（軍曹）となり准尉を経て少尉に任官したのは19歳のときであった。佐賀の乱、神風連の乱、西南戦争に参加して累進した児玉は明治18年大佐で参謀本部に入り、関東局長ついで第一局長の職に就き以後軍制を陸軍省、参謀本部、教育総と三元化し統帥権の独立を明確化し鎮台編成を師団編成へ改編した。日清戦争当時児玉は陸軍次官兼軍務局長の職にあり戦時軍事行政の責任者であったが、明治31年第3師団長そして台湾総督に就任、33年陸軍大臣を兼ね（35年兼任を解く）36年内務大臣次いで文部大臣をも兼ねた現役の陸軍中将であった。しかし10月12日台湾総督以外すべてやめ、参謀本部次長に就任した。これは翌37年大将昇任予定の古参が、たかだか少将がやる次長職をやることは職階降下であったが、本人は意に介せず申し出たものであった。明治37年2月5日、日露開戦にあたり1軍司令部と近衛、2、12師団を、3月6日2軍司令部と1、3、4師団を、4月19日3軍司令部と5、10師団を動員発令、各部隊は満州荒野を北上した。これらを統一的に指揮運用するため日清のときと同様大本営は広島に進出したが、目指す遼陽に向けての分進攻撃の指導は遠すぎるため、参謀総長の大山が総司令官に、次長の児玉が総参謀長になり満州軍総司令部が設置された。満州における対露戦は、戦略とその作戦指導において児玉1人の独壇場であった。両軍の戦力比は客観的に見て露軍が圧倒的にすぐれ、装備、縦深戦力もまた然りで、常識的には露軍が敗れる要因は考えられず、開戦前戦費調達のため渋沢に会った際勝つ見込みを聞かれた児玉は、「勝つというところまではゆかない。国家の総力をあげて何とか優勢なあたりか、引き分けにしたいということが精一杯の見通しです。」と答えている。渋沢がそこまでゆきますかと聞くと、「作戦の妙を得、将士が死力を尽くせば何とかゆくでしょうが、あとは外交です。それと戦費調達です」と答えている。特に智将としての児玉の素晴らしいところは、停滞する旅順攻撃の打開、遼陽、沙河、奉天会戦のクロパトキンとの駆け引きに勝ち、わが軍の瓦解を防ぎ、敵を北満に後退させた作戦指導の妙で、明治の先輩軍人を誇りと思う。

# 7　新国軍の育成

## (1)　前大戦の経験

前大戦の経験から如何なる教訓をつかみ、それを如何に人生、社会に役立てていくかは、個人や社会で区々であり、また個人環境や社会の立場で異なる。防大進学のわが同年代でも千差万別故、個人的な問題で述べれば、終戦翌年だったと思うが夏の夜開墾した小学校校庭の片隅に白い映写幕を張り「流れる星は生きている」という三益愛子主演の満州引き揚げの悲残な母子の流浪映画が上映され、銃後の女子供をこんな目に遭わせる戦争は絶対してはいけないと子供心に強く思った。戦中、内地の小学3、4年の戦争体験は、暑い盛り近くの丘の開墾や、B

29編隊の爆弾投下を見上げ、時にはＰ38戦闘機の機銃掃射（これだけはほんとに怖かった）をうけ、また防空壕を掘ったりすることであったが、戦争の意味反省等何ら子供心を動かすものはなかった。前記ただ1本の映画が自分の人生の方向を決定づけたことは人間とは怖いとも不思議ともつくづく思うが、自分が少年期これ程こだわった戦争の一分野を、後年知ったことだが同期のO兄が満州で実体験し21年夏引き揚げてきており、ほかにM兄ご一家も遠く熱河から逃避行の末、帰還している。

## （2）防大の教育

防大は、数十万の隊員を擁する国家機関自衛隊を統括運用する管理者・指揮官を養成する国家の機関であり、その教育は、前大戦の反省から、武力戦は科学戦となると予想し理工学部を主にした科学技術教育であった。後年国際関係論のような直接国家間の闘争に関するような科目はとりいれたが、当時は制服教官の行う防衛学のほかは、社会科学研究部のような交友会活動が、文系の主なものであったように思われる。軍事については前大戦が終わって10年たらず、未だ生々しい負の遺産が大きすぎて、総括よりも旧敵、米軍制の模倣に急で、新国軍の建設に関する問題は闇の中であった。防大生みの親の一人小泉信三氏の満州事変が破滅へのターニングポイントとする説に理解はするも、心から納得はせず、古来戦争の原因、発生、責任は、彼我双方に応分の理がある。喧嘩両成敗の理屈も成立するが、国民全員が係わり応分の責めを負うべきもので1人の1つの原因に限定し取り上げても正鵠を射たとは言えずあまり意味がない。現実は無謀な戦争はもちろんやるべきではないが、何が無謀か相手もあり、強い国軍を育成保持することが、最良の現実的方法であり、某総理の不沈空母論などに多くの学生はほぼ割りきって新国軍の育成のため巣立っていったと思う。

## (3) 軍務

自衛隊の平常の業務は、軍務といわず隊務といいその計画を隊務運営計画と称し業務を処理していた。そしてその柱は、精強な部隊を育成する教育訓練にあるが、業務を整斉と処理すれば、部隊は精強化すると錯覚しやすい。軍務をしっかりやらねば、軍は決して強くはならない。これは新国軍の育成で最も危惧されたと思われる根本問題で、敗れた相手の装備とやり方で新国運の育成を期待することは、当時の反軍の社会風潮と合わせ旧軍経験者に期待は無理だった。軍は存在する以上強くなければ役に立たない。強い国軍育成のための先達は期待できないので、多くの同僚達は既存の組織や上司にあまりこだわることなく自分の考えで軍務にあたった者も少なくなかったと思われる。このような態度は、今の官僚組織では即首だろうが、この道楽を当時は大目に見て自由にやらせてくれる期待と大様さもあり、有難かった。そんな中で優れた3人の先輩がいた。1つ上のM先輩、大人の風格を備え、同窓トップ期のトップとして今も周りの尊敬を一身に集め、活躍している。次は旧軍機甲のS先輩、退官後北陸T県N市長を4期16年務めた素晴らしい人格識見の持ち主であった。いま1人は道北旭川勤務時の上司でH・T先輩で早く退官されたが、若ければ北の護り旭川師団を任せる期待の大きかった武人であり、今も市の各種分野で大活躍しており、OBとしても隠然たる力を保持している。武士は己を知るもののために死すという古い言葉があるが、この三方に仕えたことは、わがささやかな本懐である。さらに同期に国軍を背負う二兄が輩出した。S兄は、卒業以来成績抜群トップをはしり、明治の秋山に似て智謀湧くが如く最後は北部方面軍司令官として、もし来寇軍あれば叩き落とし、道防衛を安心して任せられる智将であった。もう1人前出のO兄、奉天残留を1年余、余儀なくされ21年夏引き揚げ、敗戦の苦節を、身を以て味わった筋金入りの人物であり、最後は首都方面軍司令官として大軍を率い国の中枢を任せうる大山、児玉を合わせたような人物であった。これを以って所命の新国軍の育成という吉田・小泉・槇三哲の想いは達成したと見て差し支えあるまい。さらに機甲の後輩でN君、T君という秀才が生まれ国軍の次世代への引き継ぎを楽しみにしたこともこれ男の本懐なり。

# 8　再度前大戦の一残照

## (1)　クニの隠れた英雄

わが生家は、大分県宇佐市の片田舎別府で、西本願寺A寺の隣、門前にはO家が今もあり名家で、幼時よく遊びにゆき珍しいおやつを貰ったり、小母さんの膝に抱かれて過ごした記憶がある。その二男に福ちゃんといわれる部落の誇りとされていた歳が12、3上の若き将校がおり、軍刀を脇にたてた軍服姿しか記憶にないが、憧れでもあった。後から考えると昭和21年のことと思われるが、O家に慌ただしさが訪れ、その後わが生家の転居もあり疎遠となってしまった。昨年姉夫婦が相次いで他界し帰郷の際、同じ墓地のO家の墓石銘に「H氏（福ちゃん）昭和21年6月6日戦死」とあったのを目にした。いまは、甥夫婦と老母（H氏の義姉）が健在で話を伺うと、叔父は管理責任を問われBC級戦犯としてフィリピンで亡くなり、祖母は何回も手紙をやりとりし今もその手紙は残っていると。靖国神社には骨が帰らなかったので安置できず、県の護国神社と部落の旧軍慰霊碑に祀られていると話しておられた。おそらく母は国と係わることを潔いとは思わず、身近に留めていたかったのだろう。O家の横に並んで名門O家が3軒あった。3軒目が奥深い屋敷に囲まれた名家で、部落の人々は奥といい、屋根付き門構えで子供も近寄りがたく、奥座敷の暗い部屋まで遊びに入りこんだのは1回か2回しか記憶にない。戦後奥家の息子は商社で出世したが、何故か帰郷して老母や墓の面倒をみることもなく、田舎の家は絶え、今は蔦の絡まる崩れかけた片方の門だけが残っており、1軒目のO家の塀壁も手入れはなされず社会との絆を頑なに拒んでいるように見受けられる。奥家が戦争と如何に向き合っていたかは知る由もないが、O家の小母さんは最愛の息子が国家に献身的に尽くし、戦後敗れたとはいえ戦死者ならまだしも、生きている息子を救えない口惜しさを考えると同情に余りある。いや戦争を始め、遂行した国家の責任者はいるや否や？　我が国の武士なら、城を明け渡すとき部下の首を差し出し自分だけ生き延びる様な無様なことをするはずがない。

## （2）民と国家

戦後国軍は解体したものの、先哲と心ある若者達の努力により、自衛隊が国家の重要な機関として動き出していることは喜ばしい限りであるが、一朝有事本当に国軍として役に立つかどうか真剣に考えねばならないときがきているのではないか！まず従来の通常兵器では核武装している軍に対しては歯が立たないことは自明の理であるが、核についてはひとまず置いておいて、通常戦では、武器の性能・数では圧倒的に劣勢でも兵員の質で勝利を収めた日露の例、反対に兵員の質は優れていながらも圧倒的な物量に敗れた前大戦の如く、戦における物心両面の力は今も昔も変わらない。戦前敗色濃厚な少年時代、小学校の担任が黒板に「修身斉家治国平天下」と大書し真面目に勉学に励んだものだが、今は学校教育にも修身課目はなく、「妻を娶らば才長けて・・・」と歌う以前に、自己の才覚と自信を喪失している独身者が増え、女性はそんな男性に将来を託す気も情けもなく、またお互いに罵り合い離婚する夫婦も増えているように見受けられる。30～40代の社会を支える大事な年代にこのようなあやふやな若者が多くなっていることは、社会にとって大きな不安定要素で治国平天下どころではない。また、天下国家を争う国政も、外交防衛を等閑にしていた政党が、先年「生活が第一」と掲げ政権を獲ったが、まず外交で決定的な躓きを演じ、遅ればせながら防衛にも渋々目を向けつつある。話を戻せば、核は敵を潰すことは容易いが侵攻する敵から国土を守るには十分とは言えない兵器でもある。総合的にみれば今の国軍は核を5～6発保有するより、憲法を改正し国軍の地位と責任を明確にする方が、核50発の力を発揮できるといっても過言ではないし、また他国に核の脅威を与える心配もいらない。

## 9　終わりに

１００年程前「われわれはどこからきたのか、われわれとはなにか、われわれはどこへゆくのか」と人間の根源を問いかけたフランスの異色の画家がいたが、「どこからきたか」については歴史をみなければわからないが、これを紐解けば概要はつかめる。「われわれとはなにか」は万人の祈りとこれを実現するための万人に対するたたかいを活動とする生きものであり、「どこへゆくのか」は、現代のわれわれの活動成果に他ならない。「どこに」は茫洋として掴みにくいが、より多くの人々の祈りとたたかいをコントロールし、一歩でも社会の安定と発展前進に寄与できることは男の本懐だろう。

**【編集後記】** 文体は酔狂の中、会話調の内容がストレートに伝わるようそのまま整理したので、固有名詞等敬語なしで、記述しており失礼の段ご容赦願う。

# III

## ［祈り（祭）とたたかいの狭間］
# たたかいの理（戦理）

●目次

# 1 はじめに

狭間シリーズで前回まで、人間集団の生き様と歴史上の個人の生き様について祈りとたたかいの両端からみたが、今回は人間の社会活動の大部分を占めるたたかい（戦）についてその実体を探求してみたい。本小論は、同期の月例定期酒席で論争した内容の骨子を思いつくままに整理したものであり、紙面の関係上舌足らずや自家撞着は承知のうえである。ご叱正を乞うものである。

## 2　たたかい（戦）の意味するところ

たたかいという言葉は、スポーツやゲームに商売相手、政権獲得等社会万般日常茶飯事に使われているが、戦については悲惨な内容のイメージからか殊更避けられあまり日常は使われない。しかし辞典によれば、戦とは兵器をとって撃ち合うとか両軍互いに攻め撃つと（凡て競争を言うともあるが）明確だが、たたかいについては反抗する試合をする等その定義は必ずしも明確ではないため、今後は戦とは武力戦のことを言い、たたかいは武力戦も含め、争い競争等相手の存在の有無（無い場合は自己とのたたかい）に拘らず生きる目標、理想、生き甲斐、祈りというような理念を達成するための全ての活動を言うことにする。これは生きてゆく仕事とも遊びともまた生きることそのものともいえ広範な内容を含んでおり、たたかいを論ずることは人間そのものを論ずることともいえる。よって、古来身近で、生存をより確実にして生きてゆくための基本的な問題であり今も新しい課題である戦について、次いでたたかいのことわりから話を始めよう。

## 3 たたかいの法則性

まずたたかいを左右する根本的な法則（原理原則）はあるのか？ たたかいにおいて、人間誰しも相手より多くの成果を得、優位を占め、勝利を収めたいと願うのは人情であり、これは個人でも集団でも同じであり特に戦においては彼我命がかかっているのでこの想いは切実である。このため古来たたかいで勝利をおさめるための方策原理原則等の探究には暇がなかった。

卑近な例をあげると戦後防大入校時初めて戦の法則らしきものを習ったのが、戦勝国米軍の「戦いの9原則」で、これを知れば戦に負けることはないと単純に思い、勉強したものだ。それが当時対番上級生から手慰みに囲碁を習い、ある程度上達しアマ初段程度のとき、曲9段のお弟子さんで17、8の若者と4子局で対局したことがあった。打ち進むにつれ、こちらがどんなに仕掛けても柳に風で、打つごとに自分が悪くなり恐怖にも似た恐れを感じて石を置いて頭を下げた。5~6歳は年下の、子供では失礼だが童顔の青年に畏敬の念を持ち、彼は囲碁の根本的なものを身に着け自分は持ってないと。囲碁には棋理があり、戦には戦理というか根本的に大事な何かがあると。兵書には、古くは孫子からクラウゼヴィッツの戦争論等兵学書は多いが戦理の書は余り見ない。そもそもたたかい（戦）にことわり（戦理）というのがあるのかないのかはさて置き、取敢えずたたかいの概念を一瞥して簡単なことから話を進める。

## 4　たたかいの概念（分類）

人間社会のあらゆる活動はたたかいともいえ、個人同士や集団同士、個人対集団と多くの人が係わり、優劣（勝敗）が必ず決まるものや決まらず長期化するもの、短期に終わるたたかい等いろいろある。また経済活動を伴うプロとアマ、また個人の名誉や信徒の救済を目的とする文芸や宗教活動もある。

**スポーツ、ゲーム**

ルールが明確で、勝敗が必ず決まり、個人、集団に限らず比較的短期に決着し、個人は自ら楽しみ自己修養の資とし、プロのスポーツやゲームは多くの観客を引き付け、社会の人々を活性化する刺激的な活動であり、その区分種類は多種多様である。

**経済活動**

同種企業間の生存競争（シェア獲得のたたかい）、株売買（利益獲得のたたかい）等主として利益獲得を目的とし多くの人々が参加する長期的なたたかいであるが、株については個人対他者で短期的であり、決戦で莫大な不労所得が得られる魅力もあるが、たたかいの準備に膨大な知的準備を要し成果は必ずしも見合わないため投機ともいわれる。

**政治活動**

政党間の政権獲得のたたかいは最も熾烈であり、権謀術策を伴う。古来政権獲得のためのたたかいは、武将による戦であり政治活動は武力を背景とする政権維持でもあった。現代は政党（党員）による日常の政治活動であり、その頂点は国政選挙にある。

**文学絵画音楽等文化活動**

文芸賞日展コンクール等の入賞を目指すたたかいであり、主として個人の名誉や創造活動の満足を目的とする。特定の相手はおらず、自己とのたたかいである。

**宗教活動**

信徒獲得のためのたたかいであるが、個人の宗教意識が時代とともに変わり、近代は特に戦後固定信徒が激減して寺の維持管理さえ支障を来す傾向があったが、最近また旧来の待ち受けから社会に積極的に出ての活動が生まれつつある。

**武力戦**

人間集団の生死をかけた最も大規模な熾烈なたたかいであり、古来勝利を獲得するための多くの研究がなされてきているが、科学技術の目覚ましい発達により、戦闘の様相が一変し共通普遍的な法則や原理原則が確立し難い現状にある。

**神の試練に対する自然との厳しいたたかい**

古来大洪水、火山、地震等の大規模自然災害に対して人間はただ慄くのみであったが、文明の発達した現代は、予知はともかく、災害の大規模化には人間も少なからず手を貸しており、スリーマイル（ＴＭＩ）、チェルノブイリのように飼いならした暴れ馬に手を焼く始末である。

## 5 たたかいの共通性

一見各たたかいの間には共通性が多くみられると同時に明確な差異もある。

国家間の戦や大企業間のたたかいは年単位の期間が多く、双方総力を挙げてのたたかいになり、多くの現場とこれを統制する中枢並びに中間の管理者が係わるが、最も大きな違いは武力を伴うか否かであり、また戦う者にあたえる精神感作は計り知れない。

スポーツやゲームは心技体の熟達度を競うもので、競技毎のルールに基づき錬成すべき心技体のウエイトが異なり、勝敗は一般に短期間に決まり、勝者は栄光と名誉、賞金等を獲得し敗者は挫折と捲土重来を期し錬成意欲を掻き立てる。個人とチーム競技では単なる個人技能の積み重ねではなく、作戦、駆け引き、チームワーク等が勝敗に大きなウエイトを及ぼす。プロとアマについては本質的な差異はなく、技量において昔は天と地の開きがあったが、今はアマスポーツ等盛んになりプロレベルに到達しプロ入りの例もときに見かける。文化活動については本来勝敗を一義的に目標とする活動ではなく、客観的に勝敗を求める合理性も見当たらない。また宗教活動も他宗教や宗派間のたたかいも存在はするが、たたかわねばならない必然性もなく、文化活動同様共通性は論じても意味がない。政治活動の政権獲得のためのたたかいについては、現今の我が国は衆院で相対的に多数議員を獲得すれば勝敗は決するが、歴史的にも、国柄、地域的にも多種多様で、この問題は他のたたかいとの共通性、差異等特異なところがあるので合わせ論ずる。以上一瞥するに、大規模、長期、総合力の面から、戦と大企業活動には共通性があり、さらに人間集団の多くを巻き込み、たたかいの結果も影響が大きい政権獲得のたたかいを合わせこれらを中心にまず話を進めたい。

## 6　大規模、長期、総合的なたたかいの共通原則

### （1）組織化

たたかいに使える人、物をトップ以下末端まで各級単位に組織化して地域的なたたかいに備え、各単位には頭脳的なまたトップの手足となる補佐者幕僚機構、本社機能を持ち、このため旧軍の名参謀を起用して関西の一商事会社を日本の大商社にたたき上げたトップがいたが、たたかいにもトップは勿論、勝利の方策を策定し末端までこれを徹底し実行を補佐し勝利を獲得するたたかいのプロの存在が大切である。

## (2) 計画性

長期的大規模なたたかいのためには周到な準備が不可欠で長中短期の計画を策定し、手ぬかりなきよう着々と総合的に準備をすすめることが必要である。特に軍の平時の活動は全て一朝有事のためであり、一旦緩急あれば機を失せず出動し危機に対処し国家の危急を回復しなければならない。

## (3) 統一性

たたかいは大規模な力を長期間運用して大きな成果を求めるため、その施策は、統一、一貫性がなければ確実な成果は期待できない。また長期のたたかいには潮時というものがあり、特に戦の高調時は激烈で瞬時の決断をトップには求められる。このためトップの補佐として昔から著名な軍師が活躍し、山本官兵衛、竹中半兵衛、黒田官兵衛、秋山真之等天才と言われた軍略家が勝利に大きく貢献した。

## （4）政権獲得のたたかい

武家の時代は政権獲得のたたかいは即武士の合戦であり、いまも中国共産政権、ヴェトナム、ビルマ軍事政権等同様であるが、現代の民主主義国家では、政党が政権獲得のたたかいの主役であり国民挙げての長期の政治活動を通じ、選挙という高調時には武力以外のあらゆる手段を以って激烈なたたかいを繰り広げる。

## 7 戦の9原則

人間同士のたたかいのうち、戦いはあらゆる手段方法を駆使して勝利を目指す熾烈極まりない行動で、古来勝利の方策追及は万人の最大関心事であり、孫子、呉子の兵法、六韜、三略、山鹿流軍書、能島流海賊古法、武田や秀吉の軍師、秋山軍学等著名な軍学書に事欠かない。近年、戦いはさらに大規模化し、クラウゼヴィッツの戦争論やマハンの海上覇権論等を経て、前大戦の勝者米軍が利用した陸戦の兵書が戦後我が国でも使用され、陸軍関係者に馴染まれた。この内容は勿論野戦の武力戦を戦い貫くための指針となるものではあるが、人生のたたかい万般においても参考とできる共通する内容が少なくなく、素人にも判りやすい内容なので、これを中心に論をすすめたい。一般にこれは戦の9原則と言われ、目的・主動・攻撃・集中・節約・統一・警戒・簡明・奇襲の九つだったと思うが、あくまでこれはプロが当時戦場で命をかけて戦った指針であり、アマが丸暗記しても無意味であるので、その意のあるところを汲んで頂きたい。

## 8　目的の原則（Principle of objective）

戦では、トップの戦域指揮官以下師団連隊大隊中隊小隊から一兵卒まで全ての戦士の行動にはその準拠となる目的が必ずあり、各自その目的を達成するために戦う。

その目的は上官からその都度明確に任務として命令され、各自与えられた任務を至上命令とし、国軍のトップは国家戦略に基づき国家の指導者から示される。国家戦略は政治の問題であり、政治は政治家のトップ、国家指導者の意思で、国民の想い祈りの集約でもある。このように戦いは国民の総意に発し、国家レベルの問題であるため軍事はゆめゆめ疎かにできないことは孫子もその兵法の冒頭に「兵は国の大事……、察せざるべからず」と始計第一の原則に挙げている。

## （1）家康の政権獲得戦略の合目的性

まず、多くの歴史愛好家が周知している家康の政権獲得の過程を見て、目的の原則の理解を容易にしよう。家康は幼少時人質として今川に育ち、桶狭間後松平の実家に戻り兵を挙げ、信長と同盟を結んで家を再興し天下平定に臨んだ。この間、武田による領土の蹂躙、妻子を失う苦境等に遇いながら、「厭離穢土欣求浄土」を旗印に兵を進め、本能寺後小牧長久手で秀吉と取敢えず手を組みこれに従い時を待った。秀吉死後、間を入れず大目的へ向かってたたかいを起こし次々と目標を定め、達成し、関ヶ原での勝利で完成を見た。即ち、まず三成と清正等秀吉子飼いの武将との内紛助長、三成の佐和山蟄居で筆頭奉行職の形骸化、前田家謀反説をでっち上げ大老職の無力化、会津上杉攻略の兵を動かし三成挙兵を醸成、最後はまた三成と福島清正等を関ヶ原で戦わせ締め括ったのは、鮮やかな政権獲得という目的達成のための大戦略の一貫した貫徹であった。

## （2）野戦における原則適用

目的意識は野戦に限ったことではないが、特に精神的行動的に日常の活動と異なる戦場では明確な目的意識をもって行動しないと、無意味な、役に立たない、時には利敵戦闘になりかねないので留意する必要がある。

### ア　作戦の目的、方針の策定

作戦の目的や方針、達成すべき事項等は通常は上級の指揮官から示されるが、これに基づき各級指揮官は自己部隊運用のための方策を策定し部下に徹底しなければならない。このため一般には見積、計画、命令の段階を経る。

**作戦見積**

作戦見積は、与えられた任務を達成するため地形や気象、彼我の状況等作戦環境を考え最良の案を練る高度の知能活動で、軍師の出番であり、ナポレオンは１００の案を検討し策定したとも伝えられている。

**作戦計画**

作戦計画は、作戦見積に基づきこれを具体化したもので、通常はこれに基づき指揮官が、逐次必要な命令として発令するものである。

**作戦命令**

作戦命令は指揮官が任務を達成するために隷下部隊に実行を命ずるもので、命令を受けたものは全力をもってこの実現を図らねばならない。

**イ　上級指揮官の明確な任務付与**

命令は、厳しい任務達成のため時には部下を死地に赴かしめるものであるため明確で、疑義を抱かせるものであっては決してならない。何をいつどこでいつまでにせよと具体的にはっきり示すことが大切である。

**ウ　受令者の任務分析、復唱確認**

受令者は、与えられた任務の一字一句を吟味し、自己の達成すべき事項とその目的を明確にし、疑義があったら確認する等上司の意図を決して疎かにしてはならない。

## （3）囲碁における一手

囲碁は白石黒石を交互に置く1対1の極めて単純なたたかいのゲームであるが人生を生きてゆくうえの大切なものを多く含んだ人生の縮図ともいえる興味ある知的な遊びである。共にたたかいである故、まず勝とうとする意欲が大切である。１００手から１５０手お互いに真剣に考える長丁場で山あり川あり、その間大きな契機が数回おとずれる。使う部下は１００人みな平等の価値であるが、使いよう（置く場所）により活き活きと働き輝きを増すが、間違えば死に石と化す。最大の違いは人生と異なり、勝負は何回でもやり直せるところが面白い。さて、戦いでは戦域司令官は戦略を考え、連大隊長は戦術を練り、中隊長以下一兵は戦闘を戦う完全な分業体制であるが、囲碁は一人が、戦略（布石、序盤）、戦術（中盤、四隅）、戦闘（定石、隅の折衝）を担うので大変で、これに比べれば戦程易しいものはない。即ち、対局者は互いに3連星、中国流、秀作流等布石で目指した戦略を、予期せざる相手の抵抗、反応を見て中盤の戦術を編み出し一石一石を活用して優位に立ち、優勢を獲得して勝利につなげる一連の石は一手一手すべて明確な目的をもって打たれるもので、戦略の失敗は戦術では取り返せないなど悠長なことは言ってはおれない。

## 9 主動の原則（Principle of maneuver）

主動という言葉は、一般的にもあまり使われておらず、理解しにくいが、英和辞書では機動とか策略、策動とか、動詞では策を弄するとも訳されている。一般では反対語の受動が判り易く、受動におちるな、先手を獲れとよく使われるので、まずこれから見てみよう。

### （1）先手必勝

囲碁将棋では先手必勝と簡単に言われるが、ルール上アタリはツガねば相手に石をとられるし、将棋では王手に対応策がなければ勝負は終わりである。ゴルフでは先にショットし、ピンにつけると相手にプレッシャーをかけるが、ＯＢだと相手は左団扇である。

総合的に見ても囲碁は先手を持つと先に囲うなり仕掛けることの有利性から今は一般にハンディ制であるが、将棋は先後の有利性はあまり問題にならずハンディは駒落ちで指されたが、逆に最近のプロのデータからやや後手有利の説が出ている。ゲームでややくどくなったがついでにもう一つ、書店にはこうすれば勝つとか、これが大事とか必勝の書がうずたかく積まれているが、どれを見てもびっしり良いこと尽くめで迷うばかりであり、戦の原則も9つでなくせめて半分位にと思っていたところ、プロの棋譜を並べていたらいとも簡単な手を指す棋士がおり、ある酒席で「軍に簡明の原則」があるがと問うと、当人（名人連続4期のトッププロ）は、そうです囲碁は簡単で、大事なことは2つか3つです。いままとめているこの書を読みなさいと紹介された。それには「常にその局面で最大の手を打ちなさい、厚みに近寄るな、アタリを妄りに打つな」とあった。はじめは勝利に直結する大きな獲物が期待できるところでたたかい（目的の原則）、次は強い敵は避け（節約）、最後は大事な働きのある石はとって置き必要なときに有効に使え（効率性）と常に一つ一つ打つ石の目的意味をよく考えてうち、形ばかりの猿真似や丸暗記の手は決して勝利をもたらさないと教えられた。

## （2）関ヶ原

学生時代最初に古戦場に連れてゆかれ、戦史教育をうけたのは関ヶ原であった。

幅数キロの狭い隘路に双方ともに10数万の兵を一夜にして移動させ、朝からの会戦は僅か半日で東軍の勝利に帰した。この勝敗を分けたのは家康の主動性ある戦指導と言われている。即ち、三成は家康の会津上杉攻めを聞き、兵を集め背後から挟撃するため東に兵を進めた。これを予期していた家康は一部を残し（節約の原則）、会津から取って返して軍議を開き、三成を憎む加藤福島等武将を先頭に東海道、東山道二手に分かれて西に向かった。先に濃尾平野西方に進出した西軍は赤坂の要点を占領し東軍の進出を待った。この時点ですでに西軍は濃尾、会津の二箇所に分離し、東軍はこれを各個撃破すべく西に進撃しつつあり軍の勢いは東にあった。しかし要点を確保し守りの敵を攻めるには一般に3倍の兵力が必要と言われており、東軍が強攻すれば苦戦は免れず勝敗の帰趨は知れない。ここで家康は策略を用い、「東軍は今夜大阪に向かい西軍の本拠を衝く」と御触れをだし動き出したため、慌てた西軍は夜間急遽雨の中関ヶ原に向け陣を移した。後から追った東軍は小早川秀秋の裏切りもあり、天下分け目の戦を制した。

### （3）敵を致す（主動）ということ

敵を致すとは、われの思うように敵を動かし、我に有利な態勢を作為し、戦を有利にすすめることが目的で、たたかいにおいて勝利を獲得するため極めて重要である。反対に致された敵は思うようなたたかいができず受動に陥り敗北する結果となる。策を弄し敵を陥れることは、道徳的には遺棄すべき悪徳だが、元々戦が悪でありそんなことを言ってはおれないし、主動は勝利の方程式を解く大きなカギでもある。孫子は「兵は詭道なり」といい、奇襲の原則にも通ずるものである。

## 10　攻撃の原則（Principle of offensive）

戦の目的を迅速確実に達成する最も有効な手段は、基本的に攻撃（正攻法）であり状況の許す限りこれを追求すべきである。攻撃を成功させる基本は、敵に優る兵力を決勝点に集中し、これを叩き、敵の継戦意思を削ぎ勝利を獲得することである（集中の原則）。節約の原則は集中の原則の裏腹故、理解は簡単だろう。さて戦の9原則の骨幹は理解できたと思うし、戦には攻撃を妨害する防御、時を稼ぐ遅滞、後退作戦、さらに攻撃にも基本的に陣地攻撃、浮動状況の攻撃等諸々駆使して勝利を図るが、イメージが類似したスポーツ活動やゲームについて簡単にみて理解を容易にしよう。勝利を追求する目的意識、布陣（布石）、たたかう戦略戦術戦闘、長丁場の靭強なたたかい等精神面が囲碁と類似していて古来武将が手慰みとしていたが、肉体群れ打つラグビーは、攻撃戦闘のパターンに類似している。彼我センターラインに対峙し、攻撃開始とともに砲弾を抱えて敵陣に向かい突進する。守りに回った側は次々とタックルで阻止するが、味方の屍を乗り越え、乗り越えた最後の一兵が、確実な砲弾を目標に沈め勝利する。かっての大学ラグビー名監督、K氏のモットーは「前へ」であった。

# 11　戦理

今まで、戦の原則を中心に戦の大事な術といわれるものをやや詳細に検討してみたが、いま一つ総合してその根底にあると思われるものが見えない。昔の話で恐縮だが、「優勝劣敗」という言葉が使われていたと記憶する。優れたものが勝ち、劣ったものが敗れるというとも単純明快な言葉だ。かって、自分が係わった機甲科の戦車戦闘では敵に優るできるだけ多くの戦車を集中して戦うことが鉄則で、戦車戦は集中運用が大原則であった。それは、戦における数の優位性は2次則で働くことで、例えば1両と10両の戦車が撃ち合った場合、1対10でなく1対100倍（10の二乗）の優位の闘いになるというランチェスターの2次則といわれているものである（5両対10両は2倍でなく、25対100で4倍有利になる）。ここで更に基本的で重要な概念がある。彼我の戦力を単なる数字で見たが、現実は人的物的戦闘力を総合したものであり、物は兵器の性能と数で、人は団結、規律、士気と訓練特に指揮官の能力は決定的である。これら敵に優る総合戦闘力を発揮して戦い目的を達成することが戦理にかなう戦勝の方程式である。

このランチェスターの2次則はもともと海空戦の戦艦同士、飛行機同士の戦闘でいわれだしたもので、陸戦の王者とも言われている戦車戦にまさにぴったりであろう。

これは集中の原則にも直接繋がり、また戦車に限らず砲兵、歩兵間の戦闘にも適用され、戦の根底にある基本原理であり、天下を制した秀吉の位取りといわれる兵力の数で威圧した小田原攻めはその典型であろう。

## 12　スポーツとゲームのことわり

アマのスポーツとゲームは、共に心身の健全な発達を目標とする競技、競争、たたかいでもあり、スポーツは身体面をゲームは精神面を主対象とするが、たたかいにおいては、心身は分離できないものであり、心技体の一体化が重要である。プロは、スポーツやゲームの内容、ルール等はアマとあまり変わらないが、根本的にその目的は経済活動であり、勝敗の追求意味等同一に論じ難い面がある。しかしアマはプロへの登竜門でもあり、プロのアマ指導等交流もあり、また個人と集団の競技ではたたかいの趣を異にするが、以下プロとアマについては区分せず、特記する。

### (1)　スポーツ

種目は、多種多様であるが、集団の典型的なたたかいのラグビーと個人の武道についてみる。

**ア　ラグビー**

既にみたようにラグビーは、戦の縮図、エキスみたいなものを含んでいる。敵を攻略する集団のたたかい、一人一人に持ち場（自己犠牲でもある）があり、各自それをしっかり守る（タックル）ことにより勝利が転がり込む。全体として常に「前へ」のモットーは攻撃の原則である。戦場は予期せぬことが常におこり錯誤の連続であり、ラグビーボールはその象徴である。ラガーは、ボールの不測のバウンドに心を執られることなくただ粛々とボールの運動に従い任務目的の達成に邁進するのみであり、典型的な兵士に似ている。

**イ　武道**

武術特に剣道は、歴史上道具を使う闘いの発生の原点であり、道具を使わない相撲、柔道とともに現代も広く親しまれている。武術は本来生命をかけて戦う最も厳しいたたかいでもあり、その技とともに精神の鍛練が不可欠であるため、古来武人育成の主要手段として盛んに行われ、心身修養の手段として、義務教育の正課にも採り入れられ始めた。たたかいの面からみると剣聖といわれる宮本武蔵が、実戦を戦い修養し、会得した剣の奥義は、五輪の書として纏められ、広くたたかう人々の修養書ともなっている。同じスポーツに相撲がある。戦後わが幼少時、宇佐の地に神事でもある相撲巡業が来たことがあった。暑い盛り見学にゆき、宇佐神宮の夏祭りにも似た賑わいで、名横綱双葉山も地元の出身で郷土の人々は楽しい年中行事として大事にしていた。強健な肉体は男女問わず憧れであり、頂点にいた双葉山の、その69連勝が今も力士の目標でもある。近年八百長問題が囁かれ、金での星売買が発覚した。相撲協会は、公益法人とはいえ、興行により利益を得、経済活動しているプロ集団である。相撲興行（取組競技）において、金銭の授受は別にして星の遣り取り問題が、興行を支える観客国民に受け入れられるか否かの問題であろう。受け入れられねば認可取り消しで解散かプロレス化であり、受け入れられれば現行体制の維持も可能であろう。星の遣り取りは、積極（英雄願望、神事）、消極（同情）がありいずれも一理はある。しかしこれはたたかいではなく、道化であり、ごまかしで、真剣な人間活動である本論のたたかいの範疇から外れる故、ふれない。

## （2）ゲーム

ゲームは精神活動を主とする技術を競う個人のたたかいで、各種の種目があるが、最も奥深く厳しい内容では、囲碁将棋がある。両者は基本的に似た面と相違があって面白い。戦場で戦う武将の思考は似ているが囲碁は全般の戦略戦術、将棋は局地の戦術戦闘場面にふさわしい。また兵の身分は囲碁では全ての兵士が平等な民主的社会だが、将棋は王以下ピラミッド型の封建社会である。

### ア　囲碁

囲碁の第1着手は理論上19×19＝361手あり（将棋は32手）、次は360、359……と無数の方策を練れ、各着手の選択の幅が余りにも広いため、まず自分の得意な戦場設定を図り（布石）開戦の機を狙う。遅ればせながら後手も敵の布石を妨害するかわが道を進むか追随しながら、開戦の機を窺う。開戦（中盤）は、局部の鍔迫り合いか、全面戦争に向かうか、威力偵察で終わるかでたたかいの様相は一変し、たたかいの勝敗を左右する最も困難な局面である。戦闘が終われば、戦場整理（ヨセ）で講和交渉みたいなものでありたたかいは終了する。大きな違いは、囲碁は半目勝てば良いが、戦闘は敵を圧倒殲滅する必要がある。

**イ　将棋**

将棋のたたかいは、王、飛角金銀、桂香、歩と各戦士の身分役割が決まっており、布陣も彼我堂々と対峙した状態から兵を進め、この戦闘組織を如何に総合運用して、敵陣を破り、先に敵王を捕らえるかにある。捕虜は身分を尊重して有効に活用し敵陣内で使えばさらに威力が増加するので寝返りは彼我の戦力を大きく逆転することとなる。

## 13　企業のたたかい

大小、国内外を含め多くの企業があり、そのたたかいは、異業種とは協力的たたかいであるが、同業種間は環境により時には存続を賭けた厳しいたたかいになる場合がある。そのたたかいは、業種により全く趣を異にするが、例えば大規模製造業であれば、製造分野か販売分野等何を重視するかたたかいの目的を明確にし、何を何時まで製造するか、販売価格はいくらに設定し広報は等、まず製造、販売戦略を確立することが大切であろう。次に人、物、金を充当し必要なら組織を改編し、全社一体となって長期計画の下、他社より優れた製品を他社に先駆けて開発製造し、広報と販売網を駆使してこれをユーザーに届け、利益を収めてたたかいの目的を達成し、企業の着実継続的な発展を図ることであろう。

## 14　政党のたたかい

歴史的に我が国の政党は、明治に国会開設に合わせ初めて結成されたが、国民の政治意識も未熟で、選挙権も限定され、政党も外国に比し未成熟であった。因みに欧米特に米国は、祖父のそのまた祖父の代から同じ政党を持ち、日常生活万般から密着し活動しており政党の離合集散も政党間の移動もそれ程なく安定した政治社会である。一方我が国は戦後国民の政治参加の意識も大きく変わりミニ政党が乱立したが、左は抵抗政党に甘んじ、右も保守合同により長期政権に安住していた。しかし右の参院戦惨敗から国会のねじれ対応に追われ2年前衆院さえも大きく失い、1年後敵失によりやや失地を回復したが、政局は流動化し政権獲得のたたかいも先が見えない状態にある。

政権をもつ現政権と、乱立流動化する野党ミニ政党の政権獲得のたたかいについて考えてみたい。政権を保持している現政権政党のたたかいは、前選挙で国民から与えられた政党の総力を挙げて政権の強化維持を図り、約束した政策を遂行することにある。この際パーティの結束は、世論の潔癖じみた正義感とこれを利用する野党の宣伝に乗ぜられることではなく、司法制度からまず同志を守るために毅然として立ち向かいたたかうことが肝要であり、部下身内を売るような姿勢はたたかう集団の指導者としては失格である。次に野党に転落した前政権であるが、現政権を解散に追い込む戦略は直接的で士気も上がるが、衆院は制度上4年間の身分は保証されており、自らが前政権時これに安住した経緯から、解散戦略は、現政権にあたえるインパクトも実行の可能性も少ないといえる。今は残す2年余の任期終了を見越し、政策的、ミニ政党との連携、勝てる党員の育成等組織政策の充実が急務であろう。その他のミニ政党については、歴史も伝統もなく、時流を見て急遽結成されたもので、今こそ政党の原点に立ち返り、政治とは、政党とは、国民が政治や政党に真に望んでいるものは何かをしっかり見つめ、政権獲得戦略を確立することが喫緊であろう。

## 15 神の試練に対する厳しい自然とのたたかい

わが国には有史以来国難といわれることが何回か訪れた。白村江の戦い、元寇、日露戦争、大東亜戦争、今回の地震津波と連動した原発事故、人知も絡むがそれを超える大きな神の試練であった。白村江と大東亜戦は理屈からいえば避けることもできたが、元寇と日露はもし避ければ国の存続に係わり、立ち向かい戦うしか術はなかった。地震と津波については、予知は些か進歩したが、発生については人知ではなすすべはなく、昔は火山地震大洪水にはただ慄くばかりであった。しかし人間の闘争心は科学の発達とともに追求心も掘り起こし自然に立ち向かう力も勇気づけられた。

## （1）地震

予知は進んだとはいえ、震源からの距離が問題で、地震発生源と新幹線等対応物までの地震波は到達時間で10数秒程度しか余裕はなく、回避についてはまだまだであるが、建築物の耐震化は高層ビルを乱立させ、30年を超える木造住宅には多くの自治体の耐震化工事の補助があり、地震とのたたかいは、相当の勝利を収めつつあったといえる。しかし今回は暴れ馬ともいえるもう一匹の神馬を目覚めさせてしまったようだ。原発の立地設計は、常に地域住民の反対運動も受け、予測しうる最大の地震にも耐えられるよう設計したはずが、今回の震度9はそれを超えて大きかったことはほぼ間違いなく、事故発生を責めることは酷で害でもあろう。問題はこの神馬を如何に早く檻に閉じ込め、被害を局限するかにあろう。スリーマイル（ＴＭＩ）は何とか成功し、7年後のチェルノブイリは失敗した。今後の最大の課題は、神にひれ伏すのみか、暴れ馬を手なずけて駿馬にするかであるが、歴史上我が国の先人達は敢然と立ち向っていった。

## （2）津波

今回の自然災害の被害で最大のものは津波によるものである。想定を超える大きな地震による津波ではあったが、地震の発生と大きさは神のみぞ知ることで、想定は人間の都合で決めたものである。被害のうち地震による建物の倒壊は思ったより少なく、倒壊により失われた人命も津波に比べれば、少なかった。三陸は昔から津波の常襲地で小学校の教科書にもとりあげられ、幼少からその恐ろしさと高台への迅速な避難が叫ばれていたが、今回は裏目に出たところも感じられる。物的被害から見ると、家屋の浸水流出によるものが殆どで、平地の海岸から数キロ以内は鉄筋建の高いビルを除き浸水蹂躙され瓦礫と化し跡形も無くなっている。人的被害から見ると、三陸宮古の約４４００人が暮らす田老地区は、「津波太郎」の異名があり明治29年の三陸津波では１８５９人が、昭和8年の三陸津波では９１１人が命を奪われた。当時町では、高所移転か防潮堤建設を検討したが、結局海に近い所に住みたいとの村民の要望や代替地の不足から防潮堤建設を決断し翌昭和9年から村単独で整備を始めた。工事は中断を挟みながら段階的に進み、半世紀近く後の昭和47年に完成した。総工事費約50億円に上った。防潮堤は海寄りと内寄りの二重の構造で高さは約10メートル上辺の幅約3メートル総延長約2・4キロメートルとまるで城壁のようで、住民達は、「日本一の防潮堤」とか「万里の長城」と呼んで信頼を寄せていた。この二重に張り巡らされた防潮堤は世界にも類は無く、総延長も全国最大規模で、海外からも研究者が訪れる状況だった。しかし高さ20数メートルの巨大な波は、やすやすとこれを乗り終え海側の防潮堤は約500メートルにわたって倒壊し、人工物の全てを蹂躙し引き揚げた。一方、人々はどう対応したか、ある漁師は、11日の地震直後一旦堤防に避難したが山のような津波が海の向こうから押し寄せてくるのが見えたため、急いで丘に駆け上がり難を逃れたが、堤防の威力を過信したのか堤防内に止まり、様子見の人も一部いたと言われている。また昔の警報は原始的な火の見櫓の鐘が確実で避難の大きな武器であったが、今はいくつも手段が増えて望ましいことではあるが、海岸には半鐘も多く備え、ある担当者は叩きに駆けつけようとしたが、間に合わないと思い、引き返したという。今回地震発生から津波来襲まで10分間あったといわれており、町の防災無線放送、半鐘等警報は少なくとも、2分以内には発令され、海岸からは周囲の高台、丘1・5キロメートルまで小走りで避難すれば助かった計算になるが、ある聞き込みでは2割近く止まって様子を見ていたという話も聞く。今一つ、沖合でわかめ漁をしていて地震を知った漁師は、古老の言い伝えで、津波が来たら沖へ出よと聞かされていたので沖合へ向け進み難を逃れ、エンジンの小さな船は、沖への到着は無理と判断し、10分あれば海岸に着けると全力で引き返し危機一髪丘に駆け上り一命を取り留めている。なお八戸海岸への津波は2時間後で当然人命の被害は皆無に等しい状態だった。

## 16　宗教文化活動

絵画音楽等文化芸術活動は、本来たたかうべき自己以外の対象、相手がなく、真善美を求める自己の創作活動であり、しいて言えば自己とのたたかいである。同じような活動にスポーツのマラソンやゴルフがあり、当面のたたかうべき相手は確定しておらず、ただひたすら自己のベストを尽くすのみであるが、結果的には勝敗は定まる。文化芸術活動でも結果的にコンクール等で入賞1位とかランク付けはされるが、客観的な評価ではなく、当人は必ずしも納得する必要もなく、ただひたすら耐え忍び自己との苦しいたたかいに打ち込むのみである。

たたかいの面から宗教活動をみれば、昔叡山の僧兵は、武器をもって信長に立ち向かったりしたり、宗派教団間のたたかい等はあるが、本来の宗教活動は、人々の死の恐怖からの救済にあり、恐怖の程度は人により大きく異なる故、救済を強く求めるひとは自ら出家し、またこれを促し信仰活動に専念し、それほどではない人は在家信者（門徒）として先祖の法要等日常活動を通じて精神的要求に応える救済を図る。

## 17　人生とたたかい

これまで見てきたように、人間の活動は、たたかいであり、その目的は人生の目的即ち生きる目的に一致し、さらに細部はこれから派生するものである。言い換えれば人生とたたかいは目的と手段で、理想と現実でもある。手段であり現実のたたかいは、各種各様でそれこそ万民の万民に対するたたかいともいえるが、今一度振り返って生きる資としたい。

## （1） たたかう前の準備

たたかいの勝敗を決する前にその準備特にたたかいに向かう姿勢そのものが大きく勝敗を左右するのでまず一瞥する。

### ア 時間とのたたかい

敵との雌雄を決する如何なるたたかいも、わが準備を周到にし、不敗の態勢を整えて決戦に臨むことは、自明の理であるが、真珠湾のように反対に敵の不備に乗じて戦いを強要し爾後の作戦を有利にすることも時間の活用である。もっと直接的な活用に、武蔵は約束の時間に故意に遅れ、苛立った小次郎が自ら敗れ去ったように、命をかける闘いには道徳は通用しない。

### イ 戦わない（不戦の）たたかい

本来好戦的な人間民族がいるかどうか疑問だが、ヨーロッパでは自らは戦わない傭兵制度や中国では武事に携わる人を最下層人と蔑む風潮があったようにすすんで戦をする民族よりこれを避ける民族のほうが多かったに違いない。特に我が国も古来全土に生活していたといわれているアイヌ民族は戦を好まず自然を相手に自由に生活をしていたと思われるが、歴史上は和人の進出により東北北海道に隠棲し、唯一英雄として戦い民族の期待を集めたシャクシャインは松前藩の陰謀により酒宴で謀殺され、民族の衰亡につながった悲しい物語がある。いまひとつ我が国には実篤の新しき（たたかわない）村運動が今も存続し、縁あって2～3ヶ月毎数回毛呂山の村を訪れた。此処には戦前何処にもあった田舎の静かな原風景があり、村民は自給自足の共同生活を営み、時はゆっくり流れていた。しかし村の集会所で働く2～3の婦人にあった限りでは人の表情には、昔の我が家のように7人の子供を産み育てながら夫に尽くした母親のような暖かさが感じられず、ただ黙々と事務に携わる態度に些か寂しさを覚えたのは私だけだったただろうか。

## (2) 戦い

本会員は半生を戦に係わる職務に従事したが、勿論我が国は前大戦後実戦の経験はなく机上の空論といわれても仕方がなく、これは全国民等しいので理解は容易であろう。この中にあって満州引上げのO兄は、常々内地の人は戦争に負けた悲惨さを知らないと、身をもって体験した戦争の厳しさを漏らしていた。もとより戦いは、身の危険を顧みず命をかけてたたかうので、平時の如何なるたたかいより厳しいことは理解していると思うが、恥ずかしながら小生20数歳くらいまで、企業の社長は倒産すれば切腹するものと思っていた。こんな世間知らずが勝利の方程式を探り国のお役に立とうと真剣に空論をたたかわせたことは、申し訳ないが、せめて、この前段の戦の原則を参考にして頂ければ幸いである。

## （3）経済活動従事者とたたかい

人間誰しも生きる糧を得、消費の経済活動は行うが、企業等従事者は利益を追求し、また失敗すれば倒産の憂き目にあい、解雇の恐れを考えれば、企業の主たる目的である利益追求にあくどく従わねば生きては行けない。しかし人間は様々な祈り目的をもっており、それが企業の目的と一致しなければ、耐えるか、袂を分かつしかない。このため人々は転職するか自ら中小企業とはいえ、旗揚げして独立し、大樹を離れて、新たなる厳しいたたかいを始める。中小企業のたたかいは、大企業のような固定した組織や活動ルールがなく、自ら、創業目的に応じ製造、販売、顧客戦略等策定し、組織等内部体制を整え、利益が最も見込める主活動分野に向け人、物、金を投入し、大きな利益を獲得することが肝要である。

## （4）政治家とたたかい

政治家への道は、看板、鞄、地盤を引き継いだ二世と政党から誘われ入党したもの、また自ら進んで政界入りしたものが考えられるが、何れにおいても第一に政界入りした目的をはっきり見据え自覚して行動することである。さらに口には出さなくても、自分の名誉のため、富のためとかまた地域社会や出身業界、底辺の人々の救済、強い国家の育成、憲法改正等々自らの人生目的に合致することが爾後のたたかいのためにも緊要である。たたかいは、まず選挙民にこの信条を訴え続け、信頼と支持を獲得し、訴えた信条を着実かつ迅速に実行して、支持者の負託に応えるにある。特に選挙のたたかいにおいては、強力なライバルが存在するのは常であり、この勝敗は爾後の人生を左右する厳しいものである。このため公職選挙法に違反しない限りあらゆる手段方法を駆使してたたかうが、武力を使用しないことを除けば、武士の戦いに通ずるものがある。

## （5）スポーツやゲームを楽しむ人々のたたかい

人間が生きてゆく上で基本的で最も大事な資本である肉体と精神（心身）を培い維持するスポーツやゲームは勉学に劣らず最高の人間修養の手段といえる。わが義息一家は、高校柔道東京留学生10数名であふれ、真剣な中にもみんな素直で賑やかである。高校日本一を目指し、朝は6時起き登校朝練、授業後また練習し夜8時ごろ帰って夕食の毎日、夏冬の盆正月休みもなく九州や四国の片田舎から出てきた子も帰省はしない。勿論柔道にプロ（柔道家）はなく彼らは高校卒業後、アスリートとして金メダルへの道やスポーツ教師になることはあるが、多くは進学し職業人として巣立ってゆく。私は初めて彼らに接したとき、わが高校時代を顧み、こんな高校教育もあるのかと奇異に感じたものだ。われわれは、進学受験一本で時には徹夜勉強もやったが、アマの高校生がこんな凄まじいプロ顔負けの生活をなぜしているのか？確かに彼らは中学柔道のトップ級で、東京で修練しさらに腕を磨き高校柔道界での活躍を経てさらに上に進む意地があろう。もうここまでくればアマもプロもないスポーツが生き甲斐であり生活である。勉強はといえば、赤点は常連である。しかし、開寮3期目であったか学業も主将が学年1

位、副将が10位前後の成績で都代表に選ばれ全国3位、副将はインターハイで優勝し、豪、仏等海外派遣選手としても活躍した。両名は統率力も優れ、将来国のため有為なる人物として活躍が期待されている。

## （6）神の厳しい試練に立ち向う自然とのたたかい

「2011年3月」発生した東日本大震災は、死者安否不明は2万5千人を超え、三陸福島海岸の低地家屋は全壊し自治体も機能不全に陥った。福島原発もメルトダウンし、原子炉の爆発のみは免れたが、高濃度に放射能汚染された水や空気の封じ込め、回収にはまだ相当の期間を要し、汚染された動食物生活物資への出荷食用制限等漸く緒につきはじめた段階である。このたたかいは、倒すべき相手の人間はいない。居るのは悠久の昔から人々を育んできた大地や自然環境であり、人間が発見した原子の灯りである。

### ア　想定外ということ

今回の震災事故の解説でよく想定外の地震津波であったとあちこちで聴かれる。それも一流の学者やトップからである。被害に遭われた現地の方々が死者を思い遣り不可抗力、運命と自ら諦め、うけいれる言葉には同情一入である。人間同士のたたかいには、想定外はしょっちゅうであり、戦術の教育では、まず想定を創ることから始まる。第一想定は攻撃、第2想定は防御というように戦いの基本形から教え込むためであるが、生徒が想定を外れた答えを出すと即「想定外」と一蹴され0点評価である。

### イ 奇襲

戦では有名な桶狭間や鵯越えの逆落としがあり、何れも弱小軍が、大勢力相手に敵の本陣に切り込み勝利を収めたもので、非常に有用な戦い方ではあるが、相手がこれを見破り対応を準備し待ち構えておれば作戦の失敗どころではなく全戦局を決定的に不利にしてしまう。小牧長久手の秀次軍、第4次中東戦争のイスラエル軍のスエズ攻撃等。このため奇襲は正攻法ではなくまさに奇襲作戦で、妄りにやっても成功しないし、相手も戦の9原則に「奇襲」を挙げている。似たたたかいに囲碁の名局と云われるものがあるが、双方たたかいの分かれ目に奇襲を仕掛けては凌ぎ仕掛けては凌ぎ、靭強に秘術を尽くして結果は半目勝負で終わったトッププロの模範的な碁と言っていいと思う。そこには大局観は決して過たず、大石の死ぬことはなく、中小石の死は無駄死にではなく他を生かすための振り替わりでいい分かれで半目に通じる。自然とのたたかいには奇襲はない。在るのは、自然の摂理だけである。自然は奇襲もしなければ、警戒もしていない。自然現象に振り回されているのは人間そのものの妄想だけに過ぎない。防災無線が地震で壊れても、火の見櫓の半鐘を打ち続け自らは津波にのまれたが多くの人を助けた人もおれば、火の見櫓までたどり着いたが間に合わずとみて引き返した消防団員もいたらしい。最後に奇襲対処法に往年、戦車戦闘で敵に奇襲を受けたらどうするかの設問があり、四周多くの敵に囲まれ煙弾等で目つぶしや豪雨で状況不明の場合は、全車その場で堆土等に身を隠し、向かってくる敵にのみ発射し小中隊長等上司に報告し、逐次状況判明に従い上司の指示をうけて戦うなり離脱行動に移るのが原案であるが、自然が相手の津波では、その場に止まっての様子見は最悪の対処である。20％位が様子見中さらわれた話があるが、何も考えず高台かビルの高層階に直ちに移動することが最良のたたかいである。

## ウ　原子の灯り

むかし子供たちは、庭や林の外れに落葉を集め落葉焚きを楽しんだ。風が吹き火事を心配した大人たちは風の来ない小屋で芋焼きもさせた。原子の灯は、思いもかけない突風が吹き小屋ともども火の粉が飛び散り周りの野山や家屋に飛び火し、火元も火勢が強く近寄れず消化活動もままならない状況に似ている。問題は、人類が自然に対し挑戦して勝利し、その恩恵に与っている火元に対し手を焼いているのである。人類は、有史以来悲惨な戦を繰り返しては反省し不戦を誓い、叡智をもって再出発してきたが未だ戦は止まるところを知らない。今回は、たたかう相手は人間でも、天災でもなく、人類とたたかう意思もない自然界である。福島第一は後発原発国日本が初めて米WH社に依頼し1号機を、2号機は東芝と3号機は日立と合同で建設したもので年月を経た最も旧い型で、安全上の見直しから保安上の強化を指摘されていたが、工事にかかる膨大な費用と廃炉が近いこともあり、見合わせていた。今回原子炉冷却に未だ目途が立たぬ原因は、非常用電源建屋の汚染水没による使用不能であるといわれており、新しい炉では非常用電源は強固な原子炉建屋内に設置されていると聞く。

## （7）たたかいの終わり

個々のたたかいは何れ終わり個人の人生も終末を迎えることになる。たたかいは、個人の生きた証である。営々努力を重ね栄冠の美酒を酌み交わすことが出来るのはまれで、大きなたたかいになるほど勝利の頂点は厳しく多くの敗者は悲哀を味わう。高校野球も全国４０００校の頂点は１校のみで、他は悔恨の残る一球一打を胸に抱えることだろう。北関東某県の決勝戦で、九回裏外野手がポロリ落球し甲子園行きをのがした試合があった。爾後その選手は日体大に進学したが野球部には受け入れてもらえず卒業後就職して苦難の後、今では年商数百億のＩＣ企業を立て直し、立身出世伝の企業人となったと聞いているが、このように勝負とは不思議にも負けるほうが得るところは甚だ大きいし次の成長を促してくれる。負けるが勝ちの言葉もあり、終わりよければ全て良しの諺もある。このために、たたかいに全国優勝しようとか県代表を勝ち取ろうとか明確な目標を確立し努力することが第一で、次いでこの目標を達成するため投攻守の人選練習目標スケジュール等きめ、あとは着実な実行あるのみで、この努力なくして勝敗のみ争い勝利を求めるたたかいは無意味である。

# 18 CBR防護

50数年前になるが、入隊した兵士は、射撃、銃剣術、行軍の基本戦技と共に裏戦技ともいえるCBR（今はNBCという）訓練を受ける。軍は敵と戦う前に自らの身を守る術を身につける必要があるからである。さらに小生任官2〜3年だったと思うが北海道の片田舎から埼玉の学校へ1ヶ月入校命ぜられ、特殊武器教育の一貫として放射線取扱主任（乙種）教育を受験し5μキュリーまでの管理資格を得た。今考えると大事な戦車小隊長訓練を1ヶ月空白にする横道は決して無駄ではなかった。その後三矢研究等軍の当然の施策が、他国を信頼し国の安全を外国に委ねる戦力無き軍隊から逸脱していると糾弾されトップの更迭を見たりするが、軍は平時から着々と有事の備えを怠ることはない。話は一挙に飛ぶが、今回の地震津波災害救援に自衛隊は実働20万の半分10万の兵を直ちに投入し、国の各分野の叡智を集めたトップが、未曾有の大災害とか想定外とか自然現象に責任を押し付け右往左往する中、長年の地道な訓練の下、国民の多くが得体の知れないものと恐れる核汚染とたたかいながら毅然として自衛隊創設以来、初めての大規模なたたかいを遂行している。被災地救援のため編成された統合任務部隊（ＪＴＦ-ＴＨ）は、東北方面総監指揮の全国の陸海空部隊にヘリ約２００、固定翼機約３００、艦艇約50隻に米軍空母ロナルド・レーガン、強襲揚陸艦エセックス、大型輸送機も支援している。振り返れば有史以来人類が核との大きな戦いをたたかったのは、４回目である。広島長崎に次いで、ＴＭＩ、チェルノブイリ、福島である。特に核保有の有無に拘らず、広島長崎後の軍の核防護力は敵の核使用を封じ込めるためにも必要不可欠である。政府の福島原発事故対応に最も危惧を抱いているのは国民であり、それは政府が核について何も知らないことを国民が感づいているからに他ならない。経験のない未曾有の自然災害で先が見えないと嘆いても始まらない。戦はいつも未知の分野が多く状況不明が常であるが、福島には米ソ両大国が既に20～30年前たたかった２つのいい前例がある。

## 19 政・官と民

政は国民の意思を統一し、官を通じまたこれと一体となり、これの補佐を受け民意を実行する責任があり、民間はその実行動万般の遂行に当たることは論を俟たない。この三者の絆は、独裁国家では強固であるが民主国家では比較的緩やかで、我が国のように過去の長期政権はともかく、特にここ5年の毎年一政権誕生では、三者の絆はとけ離れているといって過言でない。これも平和時なら許されるが、福島原発のように国家挙げてたたかわねばならない時は悲劇である。しかしこれも長年の無責任ともいえる政治と官僚それを容認してきた民の責任であり、何をかやいわんや。

# 20 たたかわない国家

古来、戦では、戦士は勿論指揮官の重圧は計り知れないため軍師がこれを補佐した。そして強い意志をもってたたかい抜いた者が政権を担当した道理である。福島原発事故をみるに軍警察消防3機関を除き国家の体を為していない体たらくは嘆かわしい限りである。戦は準備と全責任を負う指揮官の統率が勝敗を決する。人類は近年核という新しいたたかいに遭遇し、広島長崎、TMI、チェルノブイリと3つの戦例を経験した。しかも世界には数千の核弾頭と数百の炉が稼働しており火種は尽きるところを知らない。このため軍は万一の闘いに勝利を願い、戦例を分析研究しノウハウを蓄積し、友好国軍はこれを共有する。国家機関の軍を無視した国民や政権の、丸裸で自然との厳しいたたかいができると錯覚した危機感の欠如、さらに日米トップの会談で大統領がこれは形式的な会談ではない「原子力の専門家の派遣や中長期の復興を含めた米軍の支援申し出」さえ快く思わず断った無知、無責任さには言葉が出ない。また原子力安全・保安院、東電と米原子力規制委員会が会合を開いた際、東電側が「ここは情報交換の場」と十分情報を出さなかったため、米側が激怒したこともあった。既に時を失しているが、東北原発のたたかいでは、国のトップが想定外と認めている以上ＴＭＩ処理の実力者に頭を下げて、これを速やかに招致し、その軍師の下全軍と福島原発関係者の総力を結集してたたかい抜く決意と実行が、開戦時の最良最速の国家戦略であり、国民の信頼を得る喫緊の問題であった。

## 21　終わりに

哲学者のマルチン・ブーバーは「人は創めることを忘れない限りいつまでも老いない」と言っており、堂々三つのＶを唱えている。まずビジョン（Vision）をしっかり持つ。そして勇気ある行動に挑戦する（Venture）。そうすると人生の勝利が実現される（Victory）。人々の集団である国家においても、またこれを率いるトップ以下多種多様な構成員においても、正しく人類は、たたかうことにより成長し、危機を乗り越え自己を高め進歩してきた。

**【編集後記】** 文体は酔狂の中、会話調の内容がストレートに伝わるようそのまま整理したので、固有名詞等敬語なしで、記述しており失礼の段ご容赦願う。

# Ⅳ

## ［祈り（祭）とたたかいの狭間］

# 祈りの理

●目次

## 1 はじめに

狭間シリーズで前回まで、人間集団や個人の生き様とその活動内容であるたたかいについて見てきたが、その根底にある祈りについて探究し、シリーズを終わりにしたい。本小論は、同期の月例の定期酒席で論争した内容の骨子を思いつくままに整理したものであり、紙面の関係上舌足らずや自家撞着は承知のうえである。ご叱正を乞うものである。

## 2 祈りの意味するところ

辞典によれば、祈るとは福利を神仏に請い求めるとか単に求（ねがい求める）等簡単に記述しているが、人間は生きる目標として何を祈り、ねがい求め追求して生きてきたかは各人各様で千差万別であるが、その理を歴史的に見てみたい。

## 3　神仙思想（個人の祈り）

東洋で数千年の歴史をもち、ＢＣ１７００年頃から象形文字を使用する等早くから文字を発明し思想歴史を受け継いできた中国での、人間の祈りの芽生えは神仙思想だろう。古代人はわが身、わが家族の安全生存が最大の祈りであり、それは天災、けがや病気を乗り越え不老長寿の願いでもあろう。古代中国の神仙思想では、西方に崑崙山がそびえ、東海に蓬莱山（をはじめとする三神山）が浮かび、ともに不老不死の神仙が住む理想郷だ。「列子」や「捜神記」によると、蓬莱山は大きな亀の背に乗っているが、実は壺型であり「壺中の天」にうかがえるとおり、古来中国人は天地・宇宙の形を壺に見立てたいわゆる「壺型の宇宙論」で蓬莱山も崑崙山もその一つであった。この「壺形の蓬莱山」信仰がいつの時代か倭人に伝わり、自分達も死後蓬莱山に昇って神仙達と同じような不老長寿にあやかりたいとの願いが、大和地方で始まった壺形の「前方後円墳」の起源ともみられている。仏教の伝来とともにこの「蓬莱山への憧れ」は「浄土への憧れ」にとって代わられたけれども、奈良・平安時代の日本は、内外から比喩的・文学的に「蓬莱山」とも「蓬壺」ともよばれ、古墳時代このかた、日本人の心の底を流れる民族的な伏流水であって、前方後円墳に見る蓬莱山への憧れは、日本文化の基調（アイデンティティ）を形成したともいえる。神仙思想の記述は戦国末期の楚の屈原（ＢＣ３４０〜２７９ごろ）の作といわれる楚辞と山海経にあり、山海経もおそらく秦漢時代以前に原型ができ、山川の神々を奉斎する当時の巫祝（シャーマン）の手によって編まれた書物を神仙術の術者である神仙家方士たちが保管し継承したものであろう。そもそも不老不死の願いは、世俗から離れて心霊とともに永生であることに憧れた神仙術の術者達の間で超自然的存在に話題が流行し神々の物語が引き継がれたもので、さらに宇宙の不変根源的な恒星北極星（北辰）を神とする北辰思想にも繋がる。

# 4　古代東洋の祈り

中国の先史古代の歴史は、殷・周、春秋戦国時代、秦の統一、漢、三国時代……と多様な国家と文化とが対立と交流を積み重ねながら複合化し統合へと向かう過程でもあり、根底に中華思想が人々の信念として芽生え、周辺民族には朝貢外交を要求し、近攻遠交策をとって国体を保持しようとしてきたが、その祈りの構造を一瞥する。

## （1）殷

中国は世界4大文明の発祥の地としてBC4000年頃には一つの文化圏を形成していたと思われ、その集落遺跡が、遺跡の地名によって仰韶文化とか竜山文化、青蓮岡文化等と呼ばれ処々に発掘されている。しかしそれは堯、舜や夏王朝のように伝承に止まり遺跡と結びつかない限り歴史資料とはなり得ない。殷については、いわゆる殷墟をはじめとする諸遺跡の調査と出土した甲骨文字の解読が進み、近年その全容が明るみになってきた。すなわち殷王朝はBC１６００年頃、湯王に率いられて河南省の黄河流域に成立し、周辺の小勢力を支配下に治め次第に大国化していった。初期の都は亳（洛陽の東、偃県二里頭）にあった可能性が大であり以後亳の地を離れ、河南と山東の各地を転々としたが、第19代（盤庚）から第30代（帝辛）までの間は殷墟（河南省安陽県）に定着した。この部族（殷族）は東方系の一部族であるが定住農耕によって急速に勢力を充実し、やがて中原（黄河中流域の古代文明発祥の地）にも進出して、風俗や言語を異にする他民族を服属させるに至った。その場合彼等は他の民族を奴隷とするよりも、耕地の造成を通じて開拓入植させる作邑とよばれる方法を採用したらしい。そして西方系の彩陶文化と接触し先進の夏系の部族と対峙しつつ強大となり夏を圧倒し王朝をうちたてるのに成功した。その支配地域は、河南を中心に河北、山東、江蘇、安徽、山西、陝西にまで及んでいた。殷の国家体制は大邑、族邑、属邑（少邑）などが累系的に結びついた緩やかな連合体であり（邑は四方を壁で囲んだ人々の居住するところを意味する）、族邑は血族集団を基礎とする小型の国家で、それに多数の小邑が属していた。大邑は王城で殷王をはじめ各国の王や貴族の居城であった。殷中期の鄭州王城は、南１７５０メートル、東１７２５メートル、北1720メートル、西2000メートルの城壁をめぐらせ、城壁の高さは、10メートル、頂部は巾5メートル、基底部は36メートルの巾をもち、版築という工方で築かれた。大邑の内部には、祭祀を行うための基壇が設けられたほか、骨角器や陶器を作る作業場、酒造工場、青銅器の鋳造所などがあり、これに付随する住居趾も存在する。さて、彼等の精神構造であるが、原始的、呪術的な部分を残しながらも技術的能力は非常に高かったといわれている。殷王朝は祭政一致の国家であり、人々の行動は全て神の指図をうけてから、神意を伺うべく、さかんに卜占を行った。動物の肩甲骨や亀甲に卜占の内容を文字で刻し、裏面を火に押し付けて熱を加え、表面にできる割れ目で吉凶を判断する独自の行為であり、天帝の意向をうかがうために行われた。天帝は宇宙の支配者でありその意思によって未来が決定されると考えられていた、卜辞は祭祀、祝詞、饗宴、出入（王の旅行）、狩猟、豊凶、風雨、征伐の八柱に分類され、祭祀に関するものが最も多く、次いで狩猟と出入であったようだ。祭祀特に祖先の祭祀関係のものが多いのは、天帝の末裔である祖先神の祭を怠りなく行うことは天帝の意思にかない王にとって最も重要な政事であったからで、いわば国事行為であった。司祭者たる王の任務はほとんど神主に尽きたといってよい。次いで狩猟が多いのは、軍事演習であると共に、重要な食糧の生産手段だったからだろう。こうして神々の祭祀に明け暮れた殷ではあったが、「史記」殷本記によると第30代の帝辛（紂王）の時、西方に興起した周にあっけなく滅ぼされた。本記では「帝紂は天性能弁で行動は敏捷、生まれながらに力は強く、手で猛獣を倒すほどであった。その知恵は諫言を避け、口舌は非を飾るに足り、臣下に自分の能力を誇り、天下に名声を高ぶって、自分の上に出るものはあるまいと思っていた」とあるから決して無能の君主ではなかったはずである。しかし酒を好んで淫楽にふけり、妲己を愛して彼女の言うままとなり賦税を重くし、酒池肉林の宴をくりひろげ、刑罰を厳にして炮烙の刑をはじめ悪行のかぎりをつくしたとして史伝の上では稀代の暴君といわれ、このため殷の支配は崩壊したといわれている。

## （2）周

后稷を始祖とする周王朝を建てた周族の起源は、殷の支配地域の西のはずれ陝西省の渭水盆地であり、ここで急速に勢力を拡大し、東方の殷を打倒するにいたった。この地方は肥沃で農業に適していたばかりでなく甘粛省方面から流入する西方文明の通路でもあった。12代目になる古公亶父の時岐山の南麓（陝西省岐山県）に移り戎狄の風俗をあらため城郭や宮殿をつくり文明の民へと転化した。古公、季歴とつづいた後、昌が位に就いたが、彼は周の国礎を築いた西伯、後の文王である。文王は50年も在位したが、この間東方へと進出し豊邑（西安の西）に拠った。彼を政戦両面で補佐した人物として太公望と通称される呂尚が有名であるが、伝説のなかの人である。文王の子の発が武王で、彼は西方の諸侯を糾合して殷を討伐、安陽の南の牧野の地で決戦を挑み、その大軍を撃破して殷を滅ぼした。周朝は東方経営の拠点として洛陽に成周城を建設し、各地に同族の有力者や功臣の主要人物を分封し、領地や住民の統治を認めるかたわら、貢納や祭祀および軍事への参加などの奉仕を通じて周室を支援させる体制をつくり、新たな支配地を統括しようと考えた。すなわち大邑、族邑、小邑という累層的連合体による殷の支配体制を解体し、一族や近親者功臣を派遣し方１００里から50里の領地を与えた邑国（都市国家）を作らせ、血縁関係に基づく一つの組織原理（宗法）を基礎に置き、これを通じて政治的安定を確保しようとしたものであり、いわゆる「周の封建制」である。この制度は後の孔子も周に先立つ夏殷二代の文明の長短特質を参考に創作されたから周の文明は、より優れたものであると称賛している。また、この社会の体制が１８０度転換した変革は殷周革命といわれているが、その最大のものは、神あるいは天帝の在り方にあると思われる。殷人に対しては神がすべてを決定したが、周人はこうした神の束縛から解放され、人間が自らの意思で生きていける時代が到来したということである。もっとも周人も天を最高神として祭ったけれども、それは儀式としての行為にとどまり、礼楽をもって拝するならば、誠意は必ず神に通ずる、正しきを援け、悪しきを懲らすのが神であると人々は合理的に考えるようになったのである。この封建制に依拠した周の統治は一応の成功を収め、周の全盛期を迎える。しかし周道は、全盛を過ぎるとようやく衰えを見せ始め、周室と諸侯の関係は世代と共に疎遠になり、諸侯は土着勢力と結び付いて自立を始めたからである。また、封地を新たに求めることが困難になり邑国がつくれず、制度そのものは固定化する一方、周辺に住む異族との対立が激しくなり、封建の諸侯との連絡も途絶え、第10代厲王の時に、諸侯と人民による大規模な反乱が起こり、王は山西方面に逃亡し、空位時代となった。周公と召公が共同してしばらく国政を預かることになり、これを「共和」と称したとあるが、一説には共泊和という人物が王位を代行したという説もある。

## （3）神と人間の葛藤

周の厲王は14年に亘る亡命生活の後に没し、太子が後を継ぎ、彼は中興の祖とされる名君宣王であり、傾きかけた国運はひとまず挽回された。しかし13代平王が即位すると鎬京が異族に占拠されたので、ＢＣ７７０年に洛陽に都を移さざるを得なくなった。周の発祥地ともいうべき宗周が放棄されたわけで、これ以後東周と呼んで、激動、変革の春秋、戦国時代を迎える。

### ア　春秋時代

西周の封建諸侯を国君とした邑国は形体的には都市国家であり、春秋初期には２５０乃至２６０国を数えたが、周室の統制力の緩むなか、互いに攻防を繰り返し、戦国末期には７つの大国とわずかな小国を残すのみとなった。この時代は各地に群立していた都市国家が領土国家へと統合されてゆく過程で例えば斉の桓公は35国を、楚の荘公は26国を併合したといわれている。次いで大きな変革は、国を動かす身分制度の崩壊である。すなわち政治的激動のなかで、周国を最高位におき、諸侯、卿大夫（王朝や候国の重臣）、士、庶人という、西周以来の礼に基づく身分制度が崩れ、下克上つまり実力の時代へ移行した。実力競争の社会で求められるのは、身分や家柄よりも個人の能力であり、才能あるものに立身の道が大きく開かれると、礼制に基づく階級的秩序は自壊せざるを得なくなった。春秋と戦国の時世の相違を簡単にいえば、春秋にはなお礼と信を重んじたが、戦国ではこれをいわないこと、春秋には周王を宗としたが戦国ではこれがないこと、春秋には宗姓氏族を論じたが戦国では全く論ぜられなくなったことであった。

### イ　戦国の7雄

斉、韓、魏、趙、燕、楚、秦の7強国は、以前は周王だけの称号であり春秋期には文化伝統を異にする楚国にしか用いなかった王号を称するようになり、独立大国たる意思を表明しつつ財政と軍事力の増強を競い有能な人材を集めて官僚制を整備し、天下の覇権を争うことになった。戦争の様相も大きく変わり、春秋時代の戦争は専ら、士以上の身分の者が参加し、四頭立ての馬が牽く戦車に3人の軍士が乗って戦う車戦が主体で歩兵は補助兵力に過ぎなかったが、戦国時代には歩兵を主力とする常備軍が設けられ、軍事に精通した専門職の将軍が指揮する大規模な戦いとなった。この中で最初に頭角をあらわしたのは、領内に解州の塩池をもち財政的に有利で、孔子の孫李悝を登用し成文法を定めると共に、農地を開拓拡大して生産力を高め、灌漑工事をおこし国力の一層の充実を目指した魏であった。しかし最後に天下を制したのは政治改革の最も遅れた秦であった。秦はＢＣ５９４年に孝公が商鞅を起用し、後進で人口も少なく土地の開発も進んでいない貧国に多国からの移住民を受け入れ、個人の土地所有を認め、所有権の移転を自由にする等大改革で国力を充実した。これを受け継ぎ富国強兵に邁進し、ＢＣ２５６年昭襄王が周室の取潰しを行い、孫の政（後の始皇帝）がＢＣ２４６年即位するに及んで列強６国に怒涛のように進撃し、人知の限りを尽くして戦いＢＣ２２１年天下統一を完成した。神も仏（はまだ生まれて間もなかったが）もない、荒々しい人間の我欲むきだしの時代であった。

### ウ　多様な神と人知の追求

始皇帝の教訓をもとに前漢は人知を尽くして偉大な帝国を作り上げ、後漢を含め約４００年にわたりこれを維持した。しかし社会の固定化停滞は衰亡をもたらす。２Ｃに入ると、北方の質朴で野性的な軍事に優れた種族が南下し、荒野を駆け巡り機動力を生かして帝国を蚕食し、帝国内は１４６年桓帝が即位してから霊帝が没する１８９年の40余年は既に末期的状態にあり、政権内部では権力の座を巡ってしばしば暗殺が起き、対外的な政策は殆ど現地の豪族が専断し、南方でも巫術者の反乱が勃発し後漢は２２０年に瓦解した。つづいて三国時代が始まったが、３１６年匈奴系の劉聡に長安の都を攻め落とされて西晋が滅んでから、北方は匈奴・鮮卑・羯・氐・羌の異族が16個の王朝を建てるも（5胡16国）１２０年余り動乱期が続き、

439年北魏が華北をまとめたが、534年また分裂を繰り返し589年隋の天下統一まで混乱は続く。中国の周辺は、東方の東夷系、西方の華夏系、南方の苗蕃系とよばれ、韓半島を介する列島倭は、東夷東端の友好理想国として好意的な関係が比較的永くつづき、特に北九州のクニグニは宗主国として臣従した。中国人の朝鮮半島北部への移住はきわめて古い時代から行われてきたと思われるが、それは戦国時代（BC403年~221年）に盛んになった。戦国諸侯のなかの燕と斉が朝鮮半島の近くに位置していたため、燕人や斉人が半島へ多く移住するようになり、もとからの住民も次第に中国の先進文化を身につけて漢字も使い始めた。

## 5 半島の古代社会と倭

### （1）半島の歴史

古代の朝鮮半島には多くの民族が移住してきており、北方からは「騎馬民族系」の人々が、西からは中国人が、さらに南からは「倭人」と呼ばれた日本人の祖先の一部も移り、複雑な民族構成により朝鮮半島は長期にわたって小国が分立する状況にあった。中国からのまとまった移住は、春秋時代の動乱期に戦乱を遁れた人々が朝鮮半島北部に箕氏朝鮮を立て、ＢＣ１９０年には中国から衛満が攻め込み箕氏朝鮮を倒し、前漢が半島の直接支配に乗り出した。武帝は東夷を治める拠点として半島北部に楽浪郡・臨屯郡・玄菟郡・真番郡の4郡からなる植民地を置いたが、ＢＣ1世紀はじめに臨屯郡と真番郡は廃止され玄菟郡も衰退し、楽浪郡のみ前漢と東方の国々との交易の場として繁栄した。しかし前漢の衰退により、ＢＣ37年ごろ中国東北地方（満州）に高句麗という有力な「騎馬民族」の国が興った。「騎馬民族」系の文化は、匈奴から中国東北地方扶余を経て高句麗に広まったが、後漢の末から三国時代にかけて、半島南東部には、濊、東・北沃祖、馬韓（後の百済）が起こり、これらの国々は中国の史書によると、「騎馬民族」特有の天の祭り等共通した文化習俗をもっていたと記されている。そして３１３年ごろ、高句麗は楽浪郡とその南にあった中国の植民地帯方郡を滅ぼしたので、中国の勢力は半島から後退した。

## （2）半島の史書

朝鮮の史書「三国史記」は、高句麗・百済を滅ぼした統一新羅が935年に滅んだ後、自らを高句麗の後身をもって任ずる高麗（918年建国）が、建国してから200年以上経た1145年に完成したもので、高麗王の命ではあるが、新羅系の編者、金富軾によって完成した正史である。このころの日本は平安末期で公家勢力が衰退し、武士が台頭して争乱が頻発し政情不安な時代であったが、新羅・高句麗との関係もよくなく、両国の間に正式な国交はなかった。特に当時の高麗の国是は古代における日本との緊密な関係を抹殺することだったらしく、「三国史記」の「新羅本記」や「百済本記」とは違い「高句麗本記」には倭国との交渉記録が全くみえない。また5C初めに建立された公開土王碑には高句麗と倭国との攻防が堂々と明記されているが、「高句麗本記」には同じ事実の記述に倭人も倭国もみえず、碑文の倭に該当する国名を燕や百済で表記している。さて少し古い話にふれると、半島には古くBC2333年建国とされる辰国と称する神話の国があったといわれるが、史書はすべて失われており、今では辰王が都したといわれる月支国の場所も杳として知れない。辰国の実態は、国とはいえ部族の集合体からなる多分に宗教的なつながりで、政治的統一はなされていなかったとみるべきであろう。列島倭族について、ＢＣ１０００年以上前新石器時代の初めごろ中国雲南省の周辺に点在する湖畔で水稲の人口栽培に成功したとみられる人々（倭族と称される）が、雲南から各河川を下り、海に出て大陸東岸を北上し朝鮮半島を経由し列島に渡来し、先住の縄文人と交わり倭人の社会を形成したのはＢＣ４００〜４５０年ころの縄文晩期といわれている。近年倭国との関係から「辰王の勢力は３Ｃ後半以後衰えてその支配権は弁韓の領域内に限定されるようになり４Ｃ初頭辰王系の任那の王が加羅を作戦基地としてそこにおける倭人の協力のもとに筑紫に侵寇し其処を都とした王が御間城入彦である。」（ミマは任那で王を意味し、任那の王が渡来したとされる）とする説もある。

## （３）神話伝説

さて、ここで日・朝の神話を中心に、中国大陸との関係も含め王朝の成立起源を眺めてみる。ＢＣ９Ｃ頃の周の時代から、自らを狼や犬の後裔と称し、中国では犬戎とよばれていた北方騎馬遊牧民の南下が波状的に始まった。中国の古書「山海経」によると、犬戎の祖先は黄帝の子孫の白犬で赤鬚、白い肌、黄金の目だったというから、身体的特徴は白人に近い。南下した遊牧民は、既存勢力の傭兵になったり、婚姻の形で入り込んだりしたが、一部はまとまって中国南部の江南、南越、東南アジアにかけて住み着いた。しかしBC4～3C以後の春秋戦国時代の動乱の余波を受け中国南部にも留まれなくなった犬戎は、南海から北上し、波状的に列島の南西諸島にたどり着いた。そして南西諸島から薩摩に上陸し九州を通り抜けて近畿に定着した一族が「記紀」でいう葛城氏ともいわれる。もう一陣は雲南の滇から月氏族が、大隅半島を北上し出雲地方に入って大物主勢力になり、またその一部は半島中部に月支国をつくった。いま一つのルートは天山山脈南麓のシルクロードの真中にあるオアシス都市国家、亀茲《クチャ》からおそらく南海経由と思われる海上ルートで半島にたどり着いた犬戎であり、「三国遺事」の加羅国（金海市）の草創伝説によれば、AC42年3月のこと、亀旨の峰に天から紫の紐が垂れ、その先に赤い風呂敷に包まれた金の入れ物があった。その中には黄金の玉子が6個入っており、玉子から6人の男子が生まれ、最初に生まれたから名を首露とつけ、加羅国を治めたという。勿論亀茲は亀旨とも表記されることがあり、同一である。「古事記」との関連でみれば、ニニギノミコトは日向高千穂の久士布流多気《クジフルタケ》に降臨したとあり、「クジフルタケ」とは「亀茲の峰」という意味である。「クジフルタケ」に降臨したニニギ一行は「ここは韓国に向かい、笠沙の前を通って朝日の射し込む国夕日の照るよい場所だ」と笠沙（鹿児島県河辺郡笠沙町）に宮殿を建てたという。ニニギの視線が韓国にあるのは同じ亀茲の亡命者である首露と同盟関係にあることを示すものであると思われる。さて、BC30年代頃といわれているが、鴨緑江の北方、武帝時代の玄菟郡があった地方に句麗（後の高句麗）が建国した。初代王の騶は、前漢を簒奪した王莽に反抗したためAC12年王莽に攻められて殺されたが、騶の死後3代目の大武神王（神武とも目される）が句麗の実権を握り、「高句麗本記」では始祖の名は、騶ではなく朱蒙とされており、朱蒙の生誕に関して次のような話が載っている。扶余王（扶余は中国東北部松花江中流域の民族）の太子金蛙は、天帝の子の解慕漱と密通した河神の娘を拾って幽閉していた。ある時その娘の部屋に日の光が差し込むと娘は身ごもって玉子を生み、玉子から生まれたのが朱蒙である。AC32年大武神（朱蒙）は後漢によって句麗王として正式に承認されたがこれだけでは満足できず37年前漢以来の中国の直轄地楽浪郡を攻めて滅ぼした。しかし7年後の44年9月後漢は大武神の支配する楽浪郡を攻めて取り返し「高句麗本記」では大武神は翌10月に死んだとある。しかし「後漢書」（東夷列伝）を含めた中国の資料は大武神の死を記載していない。騶の場合は、句麗王騶の首は長安に送られたと詳しく記載されているのに比べ不思議であり、後漢では大武神の死を確認できなかったか、死んでいないと思われていたとしか考えられない。このころ、新しく辰韓王になったのは、倭国東北千里の場所にある多婆那国からきた62歳の脱解だった。彼は多婆那国で玉子から生まれたが、父親の多婆那王は気味悪がって脱解を箱に入れて海に流し、たどり着いたのが、辰漢の海岸だった。箱の中から脱したので名を脱解にしたが「脱」は「解を脱する」ことつまり「解氏を脱出する」「解姓を捨てる」という意味で、解姓は大武神の姓（父は解慕漱）である。後漢に国を追われた大武神は、直接辰韓に来たわけではなく、中国東北部から日本海に出て、ひとまず丹波（多婆那）に上陸し出生地としたのだろう。そして当時出雲の大物主の承認を得て辰韓に渡り新羅王となり、その後近畿地方に定着した大物主勢力に敵対する北九州に向かい奴国王となったとの一説がある。当時北九州は多鈕細文鏡が出土している早良国が最大の強国だったらしいが早良の遺跡の上に奴国の遺跡が重なっているので早良は奴国に滅ぼされたと考えられている。57年は「新羅本記」によると、脱解が新羅王になった年だが、この年奴国王は後漢に朝貢し洪武帝から有名な金印を贈られている。それにしても早良が少数の亡命勢力に簡単に降伏したのは、高句麗と在地北九州勢力との間に武器とこれを使用する兵員に大きな差があったからであり、敗れたとはいえ、初期の国運隆盛な後漢と互角に戦った大武神には北九州の小国郡を制圧するのにはさほど手間はかからなかったであろう。この後も半島から、新しい武器と文化をもつ少数の亡命勢力が渡ってきて簡単に列島の有力氏族を制圧し王家を名乗り土着する。その王家が、さらに新しい武器と文化をもつ民族に制圧交代させられる列島の支配構造は天武まで続く。

# 6　百済の祈り

## (1)　建国

百済という国名が中国の文献に初めて現れるのは「晋書」の載記で345年のことである。しかし百済が成立したのはこれより先、高句麗王朱蒙の時、異腹の兄の迫害を恐れた沸流、温酢兄弟は馬韓の地に遁れ、兄沸流は熊津に、弟温酢は漢城に百済を建国したが（百脩百済）、漢城は肥沃の地で栄え10人の部下は100人に増えた（このため百済の名がつけられた説もある）のに、熊津は荒地で住みにくく、沸流は遼東西部にも国を開いた（遼西百済）。また沸流は積極気鋭の人物で海洋にも進出し遼西百済は東夷の強国として本土からも恐れられた時期があった。

## （2）新天地への進出

紀元前後、北部九州に近い半島南部の佳那、新羅、百済は本国の経営とともに移民先の列島で植民地分国化を目論み始めた。特にＢＣ42年金首露により建国された金官佳那は、鉄を産するも周辺から毟り取られるのみで、自国を纏めるよりも列島に進出し、奴国をはじめ北九州を支配下に治めることに専念した。ＢＣ57年建国とされる新羅は、海岸沿いに北部九州から日本海を北上し島根付近まで進み分国の経営を始めた。ＢＣ18年温酢が建国したとされる漢城百済は、河南の慰礼城を首都に狗奴を援け南部九州の経営に乗り出したが、括目すべき発展を遂げたのは４Ｃ後半近肖古王（３７5年11月死没）の時で水軍も増強し、北は山東地方や平壌、南は九州南部にまで進出した。「三国史記」によると、「百済は開国以来未だ文字を以って事を記すこと有らず。是に至り博士高興を得、始めて書紀有り」とあり、国内体制は大いに整備された。また石上神社の国宝「七支刀」が昭（尚）古王から倭王に献上され（３７2年）、両国の関係緊密化の始まりである。このころ王妃（神功か）は、王妃を輩出する百済切っての名門貴族、木満智（曽我満貴）（王妃とも関係があったと取沙汰される総称武内宿祢か）とともに、九州分国である元狗奴の兵を集め、佳那新羅を攻めたが、高句麗公開土王の反撃をうけ敗退し（土王碑文による）、九州に引き揚げ宇佐で王子を育てたとされる（3歳の小児が竹葉上に現れた宇佐の伝説）。王子（応神）は成長とともに母や百済一族とともに列島経営に乗り出す一方、百済本国では5C後半高句麗の南進攻撃で漢江流域を奪われ首都を熊津に移したが（475年）、後年百済は白村江で敗れ660年滅亡することになる。応神という「韓風諡号」の由来は、後世淡路三船（722〜785）が神武から元正まで一括してつけたもので、応神（オウジン）と熊津（クウジム・ユウジン）の音が似ているからつけたという説がある。

応神の出自には今一つの説があるので、簡単にふれる。

「秦の苻堅は、376年その頃幽州刺史として遼東を治めていた一族の苻洛に20万の兵を与えて北魏を攻めさせ壊滅させたが、苻洛が権力をもつことを恐れて恩賞を与えなかった。このため苻洛はクーデターを企てたが失敗し涼州の西海郡に流罪されたが、2年後の382年涼州を脱走し百済に亡命、近仇首王（総称竹内宿祢か）の庇護下にいたが、386年苻堅が東晋に敗れた好機に列島制覇に向け走り出し、北九州に上陸、神后勢力とともに応神朝を成立させた」

## （3）倭国での権力闘争

倭国では、狗奴に敗れ、東進し大和の地に新たに建国していたと思われる邪馬台国の後裔が勢力を強め、応神一族と接触し覇を争うことになったと思われるが、権力闘争の実態は、暗黒の5Cといわれ資料に乏しく、解明はなされていないけれども、中朝の一部の資料から倭の五王（讃、珍、済、興、武）を中心にみる。

### ア 応神朝

神功皇后勢力は大和地方のヤマトタケル系勢力の盟主だった忍熊を殺し近畿地方を制圧して応神朝を成立させたのは390年ころと思われる。応神は、東の蝦夷に朝貢させたりあちこちで争乱を起こす海人を討伐したり、長子菟道涌郎子の王都を近江に構えさせたり列島鎮圧に忙しかったが、倭国王としての地位が安泰になると大陸復帰を夢見、時あたかも本国百済の辰斯王が治政8年（398）10月に狗原への狩猟の際不可解な死を遂げたのを知り、風雲急を告げる故国半島の安定のため出兵した。応神は、百済や新羅をめぐり土王側と394年7月から

395年8月、396年と毎年戦っていたが、400年ごろの決戦に敗れ403年ごろ亡くなったと思われ応神朝は終焉する。応神の次は仁徳であり、一般に讃に比定されているが、仁徳の在位は記紀では85年と長期になっており讃の事跡を主としてみる。倭の五王のことを書き記した中国資料には「宋書」・「晋書」・「南斉書」・「梁書」・「南史」等があるが、同時代資料として宋書が最も価値が高く、資料も豊富であり以下これらから引用する。

## イ 讃

〔晋書〕「413年東晋安帝の義熙9年　倭国方物を献ず」

〔梁書〕「安帝の時、倭王讃在り」

〔晋書〕「421年倭王讃　朝貢し叙授を賜う」

〔宋書〕「425年倭王讃、司馬曹達を遣して貢献。430年倭王讃、宋に使いし、方物を献ず」「倭王讃死し、弟珍立つ。珍遣使貢献する。珍を安東将軍倭国王とする」

晋書（本記）に413年高句麗と倭国が晋に朝貢したとあるが、倭国は晋が建国したばかりの266年に送使してから147年間の空白後である。420年晋を滅ぼして宋が建国するが、「宋書（蛮夷）」に見える421年に宋に送使した倭讃と413年に晋に送使した倭国王とは同じ人物と考えられており倭の五王時代の始まりである。高句麗にしても高釗が燕の脅威を感じて３３６年に晋に送使してから77年振りであった。さて、土王は３８６年高句麗の太子になったが太子名は談徳である。談は讃に似ており、最初讃徳であったが倭讃と公言するようなものだから「高句麗本記」では故意に讃を談に変形させたことが考えられる。また談徳の徳は倭王讃に比定されている仁徳天皇の徳とも共通する。太子は周辺の北魏後燕等強国と同盟干戈を交える傍ら契丹など高句麗に隣接する土着民族を討伐して自己の勢力拡張に務めた。さらに３９４年以降応神との争いに勝利した土王は北魏北燕という列強に併呑される危険のない列島に居を移し再起を図るが上策と考え、４０９年列島制覇の下調べのため阿知等有力者を連れ淡路島まで来て吉備小豆島を巡って一旦高句麗に帰国したようである（淡路島への行幸伝説は、ほかに応神・履中允恭にも比較的詳しくみられる）。この後半島では、広開土王（倭王讃）が北燕に追われて南下してくると、応神系の百済王餘映（履中）は抵抗したが追い詰められ、４２０年ごろ首都を離れた。土王が南下した高句麗領は北燕に併呑され、わずかに平壌に在地勢力に擁立された局所的な高句麗王の訥祇（後の倭王斉）がいた。土王は４１１年居城を大隅宮に移し、国見をした４１９年ごろには倭王として列島に定着し４２２年難波に高津宮を建設し葛城のソツヒコの娘イワノヒメを皇后にして大和地方の旧勢力を懐柔することが出来た。この間、讃は建国2年目の宋に使者を送って朝貢するが、前年の高句麗王・百済王はともに「大将軍」を含む厳めしい爵号で身を飾ることができたのに、倭王に対しては「倭王讃、万里貢を修む。遠誠宜しく顕すべく、叙授を賜うべし」とあるだけで、どのような爵号が与えられたのか伝えられていない。高句麗王・百済王に遅れをとった讃が、より高い爵号を得ようと、その後2回宋の皇帝に貢物を献じ朝貢しているが、いずれも爵号授与のことは一切記すところがない。国内では難波の堀江といわれる用水路を作り、茨田堤（枚方市）を築き、河内平野を開拓し開拓王ともいわれ、河内の百舌鳥野に寿墓を築かせたが427年8月15日土王仁徳は崩御する。土王の死後建てられた広開土王碑文は「三有九にして宴駕し、国を棄つ。甲寅（414）の年、九月二十九日乙酉を以って山稜に遷就す」という表現は土王の死を意味するのではなく、真意は額面どおり土王が国すなわち高句麗を棄てるという意味だったと思われる。

## ウ　珍

珍は一般には反正に比定されるが、宋書では珍、梁書では弥（新羅王・那蜜か）となっておりまた履中（百済王・餘映）説もある。珍は、438年讃死し弟珍立つとあるから、同年頃王位に就いたと思われるが、死亡の記事がなく次の済が443年に立っていることから、在位は数年と短く、治政に関する記事そのものが殆どないため人間像は不明である。珍も中国に親書を送り、半島における各種王権の認知を求めたが認められず、百残百済地域は既に認めているのでそれ以外の大東将軍の地位と倭王については認められた。

## エ　済

［宋書］「443年倭国王斉、遣使貢献する。済を安東将軍倭国王とする。451年済に使持節、都督倭・新羅・任那・加羅・秦韓・慕韓6国諸軍事を加える。460年倭国遣使、方物を献ず」

［註　使持節とは、皇帝大権の一部（賞罰権など）の委譲を意味する節を授与されることを示す官号］

済（允恭・新羅王訥祇か）は、反正の同母弟だが人柄が慈しみ深く、謙譲の人だったが成人してから重い病にかかり立居が不便だった。允恭の在職は443～453頃と思われるが、書紀では所在不明の時期が長く没時まで17年間にわたって空白である。これは列島にいなかったと思われている。済も443年朝貢の際珍と同様の爵号は授与されるが、その8年後ようやく半島南部の六国諸軍事の爵号が加えられた。

## オ　興

［宋書］「462年倭国王済死す。世子興遣使貢献する。興を安東将軍倭国王とする。
477年、倭国遣使、方物を献ず。」

興は済（允恭・讷祇）の二子であり、「記紀」では453年允恭が死んで翌年454年安康が即位しているが、京都宮津市の籠神社に伝わる海部氏の系図「海部氏本記」によると、新羅王子の天の日鉾（讷祇の次男）が渡来してきた年は454年であることから、興は安康と思われる。安康は粗暴で庶民から「大悪天皇」と誹謗されたりしているが、その死因について、ある日のこと沐浴のため山宮にあって酒を飲んで楽しんでいたが、寝物語に妃の中帯姫に「わしは今、お前とこのようにたわむれているが、実は眉輪王（中帯姫と安康に殺された大草香の子）が怖いのだ」といった。たまたま眉輪王は楼の下で遊んでいて安康の話を聞き、父親が安康に殺されたことを知り、安康が妃の膝枕で昼寝しているところを刺殺した。興の爵位については、宋書は済に授与された諸軍事号を与えられた形跡は見当たらない。

## カ　武

［宋書］「478年倭国王興死し、弟武立つ。武遣わして方物を献じて上表す。武を使持

節、都督倭・新羅・任那・加羅・秦韓・慕韓6国諸軍事安東大将軍倭王となす。」
[南斉書]「倭王武を鎮東大将軍とする。」
[梁書]「倭王武を征東将軍とする。」

461年倭王済の入り婿になった昆支は武の中国への上表文中に父兄とあるので、父は済（允恭）、兄は興（安康）にあたると考えられているから武＝雄略＝昆支と思われ、17年後の478年済の実子で後継者の興が急死したため興の後を継いで武として即位した。古事記では雄略は泊瀬（長谷）の朝倉宮で即位したとあるが、現在のどこかは不明である。一説に、478年倭王武の有名な上表文「昔より祖禰、みずから甲冑をつらぬき、山川を跋渉し、寧処にいとま非ず。東は毛人を征すること、55国。西は衆夷を服すること66国。渡りて海北を平らぐこと95国」と見えることから北九州説も有力であろう。九州では泊瀬朝倉の所在地を、660年斉明が白村江の戦に際して南下しきて九州に来たとき、行宮とした朝倉橘広庭宮（福岡県朝倉郡朝倉町）の在った場所と推定できる。朝倉宮が雄略こと昆支の居城だと、昆支が百済からきて、筑紫の各羅嶋に立ち寄ったのも蓋鹵王の子斯摩（後の武寧王）が各羅嶋で生まれた伝承も納得できる。しかし雄略が朝倉を居城としたとしても九州に定着していたわけではなく、列島のあちこちを転戦し稲荷山古墳や江田船山古墳出土から列島制覇に東奔西走し、対外的にも活躍している。４２１年讃の朝貢から五王の南朝への通交は58年間続けられたが、将軍号の面では最後まで日本は百済の下位におかれ、倭王はその目的を達しないまま、南朝との交渉をあきらめた。

## （4）古墳は語る

我が国の古墳時代は、４Ｃから６Ｃにわたるが、古墳造営の時期、規模等に断絶消長が見受けられ、特に造営者（被葬者）の権威を如実に物語る規模については、４Ｃ末ごろ畿内、岡山、群馬など一部の地域を除き多くの地域で縮小し突然大型古墳が造られなくなった。それまで古墳が造られなかった地域に新たに古墳が築造されるといった断絶現象がみられ、列島社会では何か大きな動きが連鎖的に起こり始め、歴史は新しい段階に踏み入れつつあったことがうかがえる。このころ畿内では、倭王の墳墓とみられる大型古墳の造営地がヤマトから河内（大阪平野）へ移動している。またこの時期河内では渡来人が多く定住し始め、その技術を使った河内低地の開発、須恵器や鉄器の生産拠点の建設等組織的に推進されていき、大規模開発が始まっていた。５Ｃは古墳時代の中期にあたっており、前方後円墳が最も巨大化する時期であるが、ヤマトではそれまでの大和川上流の古墳群が、10数キロ西の古市（古墳群）にうつり、墳丘頂420メートルの巨大な誉田御廟山古墳（現応神陵）が出現し、やや時は下ってさらに西方10数キロ大阪湾岸近くの百舌鳥（古墳群）に墳丘頂486メートルという国内最大の大山陵古墳（現仁徳陵）が出現した。これは、これまでの地方分散型の地方豪族には考えられないとてつもない力（特に武力を伴う）をもった渡来人が、有力豪族を傘下に入れ、帯同した高度の渡来系技術を駆使して造営したとしか考えられない。地域社会には、在地勢力同士の主導権争いはつきものであるが、地方の古墳の断絶は、渡来系の倭王権が列島内に新しい支配秩序を創出しようとして、各地の在地勢力同士の主導権争いに積極的に介入して地域社会の抗争を激化させたことに主要因があると見ることができる。

# 7　古代の倭国

倭国の原住民については、書紀によれば北の蝦夷（アイヌ）、南の熊襲、土蜘蛛他に女酋神夏磯姫（卑弥呼説もある）荒ぶる神、まつろわぬ者等諸々の記述があるが、歴史書に記述はなくても数千年の縄文の人々の狩猟漁労の営みがつづいていたと思われる。歴史に記された最初の渡来者は、既述のＢＣ４世紀頃大陸半島を経由してきた稲作文化をもつ倭人といわれる集団だったと思われ、稲作は弥生文化を位置づけ急速に広まり２Ｃ位で全国化したものと思われる。次いでＢＣ２Ｃ始皇帝の明確な意図をもった優秀な徐福集団さらに２Ｃほど経て佳那、新羅、百済が北部九州に分国政策を進めた。この間原住民達の渡来者に対する確たる意思は、はっきりとは窺えないが、大乱を経て擁立された卑弥呼は短期間ではあったが一つの世界を残している。卑弥呼後は渡来系有力者により、分立する各地の権力集団の緩やかな統合化が進んだものと考えられる。

## （1） 卑弥呼の渡来

古代の倭国において、卑弥呼の実像の解明は興味の尽きないものであるが、その出自から一端を推測してみたい。卑弥呼の出自については、中・朝からの有力な渡来人説がある。「卑弥呼は伽那の金首露王の第一王女妙見」とする説であるがその経緯についてみれば、18年熊津（今の広州）に都を定めた沸流百済は西南海岸を経て100年ごろ九州に進出し耶馬台に淡路を設置し（淡路は王室の子弟宗親を任命して王権勢力の強化を図った地方組織）、その後「三国遺事」に157年延鳥郎・細鳥女の亡命事件があり、妙見王女はここで183年～247年まで69年間卑弥呼として君臨したとある。また、熊本県八代市丸山に霊符祠堂（妙見宮）があり加羅輩（佳那人）3000人がきて70～80年間戦争した言い伝えが今もあるという。いま一つは中国資料で、歴史上中国北方は、知略武勇に優れた英雄豪傑タイプの遊牧系の人間が実力で覇を競う場合が多いが、江南では伝統的に超能力のある人間を崇拝し、祭政一致の統治が行われていたこともあり、このため江南は巫術者の勢力の強いところで、巫術は民衆の間に深く浸透していた（巫術者とは一口に言えば、この世とあの世をつなぎ、死人の霊をこの世に降ろしたり、吉凶を占ったり雨乞いをして豊作を祈ったり現世利益的祈願を行う人物をいい、漢民族の祖とされる黄帝も風雨を支配する巫術者と考えられている）。黄巾の乱（１８４年）の起きる80年以上前の１０１年巫術者の許聖という人物が重税を恨んで反乱を起こし長江中流域を荒らしまわった。江南の許氏一族は伝統的に巫術者を代表する家系で、後漢が兵を派遣したので反乱軍はすぐに鎮圧され、許聖は降伏し、反乱の徒は江夏（武漢市周辺）に強制移住させられた。下って１７２年会稽の妖賊（許昌と息子の許昭〈詔〉）が句章（杭州から紹興市にかけての銭塘江下流）で何万という人員を動員して反乱を起こした時、後の呉の初代孫堅は、郡の司馬として兵を集め、僅か４０００余の軍勢で鎮圧に成功した。中国の資料では反乱の首謀者がどうなったかその後のことを克明に記す習慣があるが、こと許昌父子に関して史書は沈黙し、許昌父子のその後は不明である。「新羅本紀」に（この翌年）１７３年倭の女王卑弥呼が使者を派遣してきたとあることから、巫術者の許氏一族は少女の卑弥呼を擁して北九州に亡命したことが考えられる。当時列島の既存勢力には、卑弥呼のような統治者としてのカリスマ性と江南の許氏という血統の尊貴性は武力に勝る権威だったから、邪馬台国の諸王は、卑弥呼を象徴的な倭国王として擁立したのだろう。なお、前記使者の派遣は、首露に嫁している（巫術者の許氏という女性）許黄王との連携を深めるためだったとも考えられる。いずれにしても卑弥呼は、中・朝の有力者の家系で権力闘争から逃れ新天地に安住の地を求めた祈りの一族だったと推測される。

## （2）列島の統一過程（渡来系有力一族による）

卑弥呼の死後後継者として男の王が立てられたが倭国の有力者達が彼に従わず武力に訴える騒乱が起こり国は乱れ、13歳の宗女台与が王位を継いだため邪馬台国の平和は一時よみがえったが、266年以降大陸の文献には倭国の記述は消え、413年讃の朝貢外交から大陸頼みがまた再開する。この時期既に日本海沿いに上陸し発展した出雲吉備王国や瀬戸内海沿いに船で東進したか、敦賀付近から南進したかあるいは和歌山紀伊霊場周りに北進して近畿地方に大きな勢力を築いたと思われる一族があった。この東進した一族は神話では物部と思われ、物部名は現代も全国に分布している有力な氏で当時も各地に居住して活躍していたと思われるが、6Cの蘇我氏との決戦に敗れ、その歴史は残されていない。以下、神話に類するものも含め古代の倭国を類推してみる。

## ア　日高見国（荒吐信仰）

書紀「景行天皇27年2月紀武内宿祢奏言」に、「東夷の中、日高見国あり。その国人、男女並びに椎結、身を文ろいて、人となり勇敢し。是をすべて蝦夷と曰う。亦土地沃壌えて曠し。撃ちて取るべし」とあり、これがいわゆる正史に日高見国の名が出てくる最初のケースである。日高見国の位置については「常陸風土記」に（筑波、茨城の郡700戸を分かちて信夫郡を置きき、此の地は本日高見国なり）とあり、また大祓の祝詞の一説に、大倭日高見の国云々がある等いろいろな解釈がなされているが、今は概ね関東以北をさす。ヒタカミのヒタ（ヒナ・ヒダ）はヒラの転訛であり、カミは酋長（族長）の在所、所在地である。さらにヒとは、上代日本に渡来した大陸系の種族である（ヒ人）のことで、彼等（ヒ人）は、やはり大陸系の種族であるキ（紀）族に先立って渡来、各地に定着・分布し自らの集団の居住地をヒ（肥）の国と称した。彼らは遅れて渡来してきた種族によって圧迫され、一部は同化したが一部は東北に移動した。現在このヒ人（族）は僅かに北海道にその名残をとどめているに過ぎない（蝦夷またはアイヌと称される人々）。このヒ人やキ人はBC400年ごろ渡来の倭人やBC200年ごろの徐福集団や、出雲系の人々とも考えられるが、かれらはいずれにしても天皇家の始祖とされる神武以前の先住民で、この国は日高見の国と称されていたのではなかろうか。この古代日高見という列島の総称は原住民の北進と共に北部列島に限定され、宿祢の奏言当時は関東以北か北上川流域または東日流に限定され述べているものと思われる。さて、古代人日高見の荒吐（アラハバキ）信仰についてみる。「津賀流史抄」には「語部の曰く、荒吐神の創崇は東日流最古住民なる津保化族なり、また一族の崇神は、日輪と山と海にして、その祭事は日毎に踊りを以って神を崇め、笹竹を輪になし毛はぎの生皮を張り、打ち鳴らす踊りなり」とある。また、「津保化一族は天然を尊びその祭祀は、今に遺れる石神信仰なり、たとえば海辺、川辺の珍石を神棚に祀り、これを神とせるは、今尚残れる信仰なりと。また、山川海辺の土をねり、よき人形を造り焼き固めて亡き親を偲ぶ崇行もあり、これをイシカホノリ（石神）と称しけり……」と。このほか荒吐の崇拝にはイタコ、オシラ、ゴミソの三種の「祈神職」等謎の多い神である。さて、わが国の民族信仰には、強い勢力の神は外部から多くの小さな神が集まって来ることを喜ぶという考えがある。そのため方々からいろいろな神を勧請してこれを相殿に祭りまた境内に祭る風習があった。ただし相殿にする（祭る）には主祭神との関係が深くなく、だからといって境内社にする（祭る）には失礼にあたるという程度の神はそれを客分として境内社より大きく一社を建てて祭るのが風習であった。そしてこの一社に祭られるのが客神である。古代人は集落ごとに自分たちの神—祖神ないし土地神をもっていた。その集落なり部族が他の集落なり部族と合併すると、その祖神なり土地神もより大きく強くなる。そのさい単なる習合ではなく、より強力な方の神をもって代置昇格させる場合もある。すなわち古代の政争での敗者側の神はマイナーの神とされ客神として相応の処遇を受けることとなる。政治と祭祀とが一致していた古代における人々の知恵であった。門客人神、客大明神、隋神、門神などとされるアラハバキ神は先住民の地主神であった。

### イ　東倭

邪馬台国時代の中国本土および半島の情勢についていま一度振り返り、神武神話の背景を探りたい。後漢霊帝の末、１８４年黄巾の乱が勃発し、この乱を鎮圧するという名目をもって各地で挙兵があり、群雄割拠の時代に入ったが、魏・呉・蜀の鼎立する三国時代の前哨戦の一つ魏の極東計略も混迷しつつあった。遼寧省では公孫度が襄平（遼陽市）に本拠をおき、自立し遼東侯・平洲牧を自称していたが、魏の曹操が上表して公孫度を武威将軍・永寧郷候にとりたてたところ、「わしは遼東の王だ、なにが永寧郷候だ」と印綬をしまいこんだ。公孫度が２０４年に死ぬと、息子の公孫康が後を継いだ。一方中原では、２０７年に魏の曹操が群雄の一方の旗頭袁尚を追って遼西の烏丸を攻めたとき、袁尚は遼東に逃げたが公孫康は袁尚を殺し、首級を曹操に送り届けたので、この功により公孫康は後漢の佐将軍・襄平候に任命され、半島に帯方郡を設置した。「魏志」の東夷伝には、この後「倭韓は帯方に屈した」とあるから卑弥呼の列島勢力と半島南部は公孫氏の支配下に下ったようだ。220年になると曹操の長男丕が、後漢から禅譲されたという形で後漢を簒奪し、魏の文帝になった。文帝は即位すると、一族の公孫恭を車騎将軍に、公孫淵を遼東太守に任じている。しかし237年魏の明帝は、幽州刺史毌丘検に命じて、表裏の激しい公孫淵を都に召喚しようとしたが、公孫淵はこれに応ぜず、遂に毌丘検と戦って勝利し、自立して燕王を自称した。明帝は、日頃から部下の実力者で司馬懿の専横を憎んでいたが、ここはやむを得ず237年12月公孫淵討伐の詔勅を司馬懿に下した。司馬懿は翌9月公孫淵を襄平で包囲して勝利し公孫淵父子を殺した。しかしこれから魏は内紛に巻き込まれ、これに伴い半島、倭は争乱と化すことになる。魏の実力者で事実上魏を簒奪した司馬懿の孫司馬炎が265年晋を建国する。その「晋書」（宣帝紀）に正始元年（240）正月に東倭が朝貢してきたとある。この東倭とともに魏に送使しているのが鮮卑や焉耆など東北ロシアや中央ロシアの国であることから東倭は「倭人伝」の卑弥呼の邪馬台国とは明らかに異なる倭人の国であり、また中国に送使する場合、大抵隣接する民族や国が纏まっていることが多いことから、東倭は出雲地方を中心に四隅突出型墳丘墓が集中している石川県や富山一帯まで日本海側を支配していた（後の越の国）一族と考えられる。このころ半島では、帯方郡太守は弓遵で、楽浪郡太守の劉茂と互いに反目しており、両者を統括する魏の幽州（北京市）刺史（長官）で明帝の皇太子時代からの側近である毌丘検は、長年の現地の統治から半島や列島の事情に明るく、現地の土着勢力と協力して半島南部（辰韓）から邪馬台国にかけて支配していた。一方中央では反明帝派の実力者司馬懿は、弓遵、東倭、狗奴国と連携し、明帝派の母丘検一派の排除を目論んでいた。ここに神武とも目される高句麗の東川王が登場する。

### ウ　東川王

東川王の父親山上王は、黄巾の乱のころ前王の故国川王を追放し、前王妃に擁立されて高句麗王となった人で、前王の弟といわれる。母親については、山上王の家来がある時豚を追いかけてとある村へ行き、その村の娘に豚を捕まえて貰った、それが縁で山上王は娘と結ばれ生まれたのが東川王だった。豚が縁を取り持ったので、王は幼い時郊彘と呼ばれたという。豚を常食とするのは中国東北部土着の狩猟民族ツングースだが、当時豚を飼う民族は邑婁と呼ばれ、その所在地は扶余の東北の海岸に面した場所で、高句麗の北方現在の沿海州地方にあたる。王は乗馬に巧みで射撃の名手であり、性格は勇敢で忍耐強く寛大だったといわれており、実力で王となる素質をもって生まれた人だったようだ。また、母親の出身地邑婁を通して早くから日本海側の諸国に親近感をもち、高句麗王となっても東倭をはじめとする諸国と親交を重ねていた。さて、242年司馬懿と通ずる東川王は、鴨緑江下流の航路を掌握しようと西安平（丹東市東北）を攻めたり、司馬懿の討伐作戦に援軍を送ったりして領地を着々と拡大していたが、これを見過ごせない母丘検は、244年高句麗討伐に出発した。母丘検は腹心の玄菟郡太守王頎と共に兵1万を率いて周辺を討伐しながら高句麗に向かい、東川王は2万の兵を率いて沸流水（鴨緑江支流の揮江）で迎え撃ったが敗れた。母丘検の軍勢は高句麗の居城丸都城（吉林省東安市）を落城させたので、東川王は妻子のみを連れて逃げた。東川王が逃げた場所は、濊の不耐王の許だったらしく、翌245年5月王頎は濊の不耐王城を攻め勝利している。濊を追われた東川王は、竹嶺まで南下し山中をさまよった末、買溝（嶺東北部の北沃沮）に遁れたが、王頎軍はさらに東川王を沃沮まで追い駆逐し、北沃祖と粛慎（邑婁と同じ）の境界に勝利の記念碑を建立し引き揚げた。ここで東川王の高句麗は一旦滅びたが、しかし北沃祖を追われた東川王は、今度は南下して同年10月帯方郡太守弓遵等と連携をとり、母丘検側にあった辰韓の北辺を攻撃した。この戦いは東川王の勝利に終わり、辰韓の大将于老は敗退した。これで母丘検、于老、邪馬台国連合と弓遵、高句麗の東川王、東倭、狗奴国連合との戦いはひとまず東川王側が勝利した。この結果「高句麗本紀」では東川王は平壌城を築いたとあり、２４５年には東海の美女、つまり東倭の女性を後宮に入れている。しかし魏の実力者司馬氏と関係のよい高句麗王だった東川王が半島に定着することは、高句麗を滅ぼした母丘検としては容易ならざる事態である。２４５年辰韓の主（臣智）が反乱を起こし、帯方郡太守の弓遵が戦死したともいわれ、「倭人伝」には翌年母丘検の腹心の王頎が、弓遵に替わって帯方郡太守に着任し、卑弥呼に使者を送ったとある。さらに２４６年８月母丘検は東川王討伐に出発し、戦闘で壊滅的打撃を受けた東川王は「高句麗本紀」によると２４９年９月に死に、柴を切って屍を覆ったので葬地を柴原と称したとあるだけで、その場所を明らかにしていない。

## エ　東川王の列島進出

「三国史記」において王の墓地を明記していないときは、王が亡命して他国に行った時が多く、前後の関係から判断して東川王も列島に亡命した可能性は非常に高い。すなわち、弓遵が殺され半島は累卵の危うい場所となった東川王にとっては、永年の親交があり、２４５年には東倭の女性を後宮に入れている列島の東倭を頼らざるを得なかったものと思われる。海路九州北部に到着した東川王は狗奴国や東倭と連合して邪馬台国を攻めたのだろうが、この戦いで難升米は戦死したらしく、以後「倭人伝」にその名はみえない。卑弥呼も恐らく東川王側によって殺されたものと思われる。「書紀」によれば、神武は45歳の時に東遷を決意したとあり、248年2月以降のある時期瀬戸内海を通って安芸に向かい同年9月に亡くなったようである。そこで神武一行の東遷は一時頓挫し、7年間も安芸にあったのは神武が死んだせいかも知れない。

### オ　土着先住民との戦い

書紀によると、吉備を出発した神武勢が河内に至り、生駒山を越えようとしたとき、大和の先住者でこの地を統治者していた同じ天神の後裔一族に連なるナガスネヒコが迎え撃ってきた。この時の戦いで神武の兄の五瀬命が負傷して死んだ。そこで直接大和盆地に入ることを諦め、紀の国から熊野に入った時一行は暴風雨に会い、神武の二人の兄のうち稲飯命は海に、もう一人の兄三毛入野命は常世の国に去ってしまう。その後神武勢は八咫烏に導かれて奈良県宇陀郡に入り吉野をめぐり、再び宇陀郡に行ってヤソタケル勢を破る。その後再びナガスネヒコと交戦したが、苦戦しているところにあらわれた金色の鳶のお陰で勝利することができた。戦に敗れたナガスネヒコは、自分の妹が天から天下った天孫族で物部氏の祖神であるニギハヤヒと結婚していると命乞いしたので神武側は証拠品を提示することを求めた。そこでナガスネヒコが天孫族を証明する天羽羽矢などを見せたので、神武勢はニギハヤヒが同じ天孫族であることを確認した。しかし神武は、ナガスネヒコは抗戦したうえ五瀬命を戦死させたので、生かすわけにはいかないと殺してしまった。これに対する反神武側ナガスネヒコの対応を「東日流外三郡史」等から見てみたい。ナガスネヒコが神武に敗れたのは、ニギハヤヒとミカシヤ媛との間に生まれた子の可美真手命の裏切りによるもので、書紀ではナガスネヒコは殺されたとあるが、古事記では生死不明であり、彼は敗れたが死亡せず東北地方に亡命したという伝承がある。この長髄彦には安日彦という兄がいて、戦が不利と判断した安日彦は一足先に北陸経由で奥州へ逃走した。そしてこの（アビ・ナガ兄弟）は福島県の会津で邂合している。これが「会津」という名の由来である。そして彼等はさらに本州北端の津軽に逃れ先住諸族を統合して「荒吐族」を形成し、王都は十三湊におかれその国土は、東北北海道にわたる広範なものであったともいわれ、その後津軽の豪族で「日の本将軍」あるい「秋田城介」を称し、後秋田から常陸の宍戸、さらに三春藩主となった秋田氏の系図にも記されているという。また、荒吐族の古代東北王朝の統治は、十三湊、東日流（青森）、羽州（秋田・山形）、日高見（岩手・宮城）、東日下（福島）の各荒吐族の5区域に分かれ、それぞれ頭首がおかれ王ともよばれていた。この王は原則的に世襲ではなく各域の部族長老の合議で選出され、選ばれた五王は、「荒吐五王の掟」と称する7つの基本方針に基づき施政を行ったとある。さて、書紀では景行27年2月宿祢が「……日高見の国は土地沃壌えて曠し、撃ちて取るべし。……」と奏言したが、景行が派兵したのは13年後の40年6月、「東の夷多に叛きて、辺境騒ぎ動む」の報告がとどいてからであった。そこで天皇は日本武尊に斧鉞を授けたが、古事記ではミコトは嫌々ながら東征の途についたように記され、書紀では雄諾してその大任を引き受けたことになっている。東征の結末は外三郡史によれば、この日本武尊さえも「東の夷」つまり荒吐族五王の島津神の抵抗応戦によって「勝敗分たず、空しく還りけるという」と書かれているが、書紀では蝦夷の賊主である島津神が蝦夷の境の「竹の水門」で武尊を防ごうとしたが、尊の威に打たれて降伏したとある。その後安倍の血を引くともいわれる女帝（孝謙・称徳）時代は、征夷一辺倒から鎮守に力点をシフトしたこともあったが、藤原継縄の征東大使、大伴家持の按擦使兼鎮守府将軍の派遣も成果があがらず、次の佐古佐美にいたっては、衣川でアテルイの巧妙な戦術に翻弄され、大敗を喫している。

# 8　倭王タリシヒコ・達頭

記紀の聖徳太子はドロドロした古代社会に咲く大輪の花を思わせる聖人であるが、その出自から活動、家族、死亡等、歴史上の人物として今一つすっきりしないところがあり、その実在さえも疑われているので国外資料から太子と思われる人物を中心に見てみたい。

## （1）達頭の隋への挑戦

中国の史書によると、突厥の風俗習性は匈奴に似ており、狼を始祖と考え、日の出を拝み毎年5月にはタミール河で天神を祭った。最初は同じ遊牧系の蝙蝠の臣となり、アルタイの南で鉄工をしていたので、突厥は鉄勒ともいわれ、鉄に係わる職業に就いていた。鉄は武器の重要な資材だから、突厥は次第に軍事力を強め周辺を圧倒するようになり、その勢力範囲は、東は高句麗に接し、西は西海（ハルバシ湖）、北はバイカル湖、南はゴビ砂漠までだったという。このため隋は588年冬南朝の陳を攻めて滅ぼし天下統一したが、さしあたって隋の敵は突厥勢力だけになった。このころには突厥は広大な中央アジアの東西に分かれ、東突厥は沙鉢略が死んで息子の都汗が可汗に選ばれ、西突厥とは連絡をとって突厥勢力の結集を目論んでいたが、隋の策略にかかり都汗は隋の支配下に降った。西突厥の達頭は都汗と隋の使者が往来しているところを襲い、また都汗とも度々戦っている。しかし都汗側を援護しながらも一人の可汗（突利）に特別の恩恵を施す等突厥の離間策を進める隋に不満を持った都汗は、隋への朝貢を断って国境周辺を侵略し隋と反目するようになり、これまで対立していた達頭と連合した。都汗と連合した達頭の勢力範囲は西のカスピ海から日本海まで最大級に広がり、598年コンスタンチノーブルのローマ帝国マリウス皇帝に送使した書簡の冒頭には、「世界の7人種の大首領、7国土の君長たる可汗は敬いてローマ皇帝に申す」とあり、達頭の側近にはササン朝ペルシャ人や、その頃急激に勢力を北方に伸ばしてきたアラブ人がいた。東方では当時高句麗は平原王の長男嬰陽王の時代だが、父の反隋政策を受け継ぎ、達頭と連合し隋との国交を絶っていた。達頭がローマ帝国に使者を送った年（598年）2月嬰陽王は靺鞨の兵1万を率いて遼西に侵攻したので隋は水陸30万の兵をもって高句麗遠征を行い、同時に隋が高句麗王に与えていた官職を剥奪した。しかし平壌城を陥落させるに至らず隋は冬になる前の9月に撤退した。隋が高句麗と戦っている最中の同年6月、都汗と達頭は連合して突利を攻め、突利の一族を殺して黄河を渡って南下した。突利は身一つで遁れ隋に助けを求めた。しかしこの戦いで達頭は隋に大敗して敦煌で重傷を負い、一時行方不明になったので、部衆の者達は泣きながら立ち去ったという。達頭に完勝した隋は突利を一可汗ではなく全突厥を代表させる可汗として啓民可汗と名のらせ、全突厥を自らの支配下に置こうとした。ところが達頭・都汗連合は再び強勢になったため、突利一族は黄河の南に居を移し、隋の保護下に生計を立てることとなった。そこで隋は599年4月晋王広（後の煬帝）を総大将として達頭・都汗連合の討伐に向かわせた。ところがこれを迎え撃つはずの都汗は部下に殺されてしまい、達頭は単独で隋と対戦することになった。この時の戦も、隋の名将史万歳の活躍と川に毒を流す作戦によって、達頭側は大敗した。達頭が隋に敗れると達頭の一族は四散して、一部は吐谷渾に、一部は突利の支配下に下ったといわれている。このさなか、達頭は倭国行きを決意したらしく、書紀推古7年（599）9月条に、百済が駱駝・ロバ・羊・白雉を贈ってきたとある。当時百済はこの1年前（598年）9月達頭と共闘していた高句麗によって攻められ、「百済本記」によれば12月威徳王は没したとあり王不在であった。達頭が中央アジアの動物を倭国に贈ったのは、倭国の蘇我氏との連係を強めようとしたものと思われる。達頭自身はこの時数十万の兵を率いて、同年10月恒安（雁門・山西省代県）で隋軍と戦い大勝してから、中国史上から姿を消すが、彼はこの時期東へ東へと移動していたのである。

## （2） 極東への進出

この時代極東特に半島は、高句麗と倭国が中国に反抗し、百済は時流によって変転し、新羅は常に中国側にあって、側面から中国を援助するという政治的構図ができあがりつつあったが、倭国においては蘇我高麗の子の稲目が土着勢力として台頭し、一族の築いた経済的、軍事的力を背景に、宣化を新羅（真興王として）に放出し、百済の聖王を名ばかりの欽明として王朝の継続を図った。554年聖王が死んでも、欽明朝（実質は馬子の王朝）はそのままとし、570年稲目が死んで572年百済の威徳王を敏達として迎え名目の王朝を継続するが、しかしこのころから新羅（宣化）の、百済、倭国への攻勢が強まり、百済王はこれに耐え兼ね、倭に渡って敏達に収まるが、危機を感じた倭は、宣化と対決するため突厥の軍事力に頼るようになる。招聘した西突厥の軍将は、大伴糠手古連・阿部目臣（2人とも「書紀」初出、出自不明）、物部贄子連（尾輿の弟とあるが、不明）の3人で、新羅はこの西突厥軍将の反撃に遭い惨敗し敗退したらしく、以後蘇我一族は、高度の軍事力をもつ突厥勢力を背景に、影響力を維持してゆく他なくなった。さて、599年12月には達頭は渤海にまで至り、さらに一行は渤海から高句麗に入り、嬰陽王と共同して前年遼西を侵略し隋の討伐を受けたことで隋に謝罪の使者を送っている。このことは600年「隋書」本紀1月条に突厥、高麗、契丹が宝物を献じて来たとあるが、しかし同じ隋書の東夷条には、この時の高句麗送使に関しては記しておらず、同年倭国が送使して来たことが詳しく記載されている。「倭王の姓は阿毎、字は多利思比弧《タリシヒコ》、天をもって兄となし、日をもって弟となす。倭王は夜の明けないうちに朝政を聞き、日がのぼると弟の日に政務を委せた」という。隋の文帝は、夜が明けると弟の日に委せるのを「はなはだ道理に合わない」として訓令して改めさせたという。王の妻は雞彌といい、後宮には6、7百人の女性がいた。太子の名は利歌弥多弗利と言ったとあり、その他12等の官制など詳しく記されている。しかし隋はまだこの時点で達頭の倭王を承認しなかったようだ。それは達頭が半島経由で倭国に入ることに新羅が抵抗していたからである。しかし達頭は、高句麗を去ってすぐ、600年初めには百済に行ったようだ。当時百済では恵王の次に599年法王が即位したとあり、600年5月に没したとあるからわずか数ヶ月の短い即位期間で、この期間法王がしたことは殺生を禁じ、王興寺を建て僧侶を住まわせたことだった。因みに太子の最も古い名称は「法王」であり、伊予国風土記に引用されている伊予温泉碑文には太子のことを法王大王としているし書紀より古い資料かも知れないといわれている上宮法王帝説も太子を法王としている。

## （3）倭国内の達頭

百済本紀には法王は600年5月に没したとあるから、このころ達頭は百済を去って倭国に向かったらしいが、八幡愚童訓には推古8（600）年に、43万人の異敵が日本国を討ち取らんと襲来してきたとあり、中世の豫章記には具体的に次のような話がある。「推古朝に戎人8千人が鉄人を大将にして筑紫に上陸した。筑紫の9か国は防御できなかったので戎人等は向かうところ敵なく、多くの者を殺しながら西国から攻め上がった。ついに彼らは播磨の明石浦まで至った。」とあることから、達頭一行は600年中に播磨国の明石まで至り、翌推古9（601）年2月条に「皇太子、初めて宮室を斑鳩に與てたまう」とある。この斑鳩は大和の法隆寺をいうのではなく、斑鳩寺という名しか持たない明石に近い播磨の斑鳩寺をいう。現在、この斑鳩寺は兵庫県揖保郡太子町に現存するが、古くから太子を祀る太子ゆかりの寺である。この斑鳩寺には16歳当時の太子といわれる、着物を着た突厥可汗独特の異様な髪形をした木造の太子像があり、「将軍会」という祭が毎年2月に行われる。達頭はおそらく明石浦に上陸して601年初めに播磨の斑鳩寺に居を定め、早速反対勢力の討伐に乗り出したらしい。

「書紀」には、推古10年2月条に、太子の弟来目皇子を新羅討伐の将軍として、25万の兵を率いさせて筑紫に出発させたとある。来目は4月に筑紫に至り、船や軍料を集め、6月に大伴連囓と糠手等が百済から帰国したとあるのは、おそらく来目勢を迎えに来たのだろう。しかし来目は病気になり、翌603年7月死亡したので、代わって当麻皇子を対新羅将軍として難波から出発させ、当麻は8月高句麗軍の兵と合わせ、新羅を攻めた。「高句麗本記」によると、同年同月高句麗は、北漢山城（ソウル市の漢城で当時は新羅領だった）を攻めたが、勝てなかったとある。この戦いを最後に高句麗・百済・倭国対新羅戦は休戦状態になる。書紀によると2年後太子は即位の儀式に用いられる大楯や靫、旗などを作り冠位十二階を設定したとあり、翌推古12（604）年1月初めて冠位を諸臣に授けると王位に就いたかもしれない。またこの4月条に太子は有名な憲法17条を発布したといわれている。さて、「隋書」（東夷伝）には、煬帝に対するタリシヒコの返書には、有名な「日、出ずるところの天子、日、没するところの天子に書を致す、恙なきや」とあり、これを見て煬帝は「夷蛮書には礼儀を知るものはいない。二度と聞かせるな」と不機嫌になったという。この返書は、煬帝と対等な立場を明確にしており、ローマ皇帝への親書においても対等だった、往時の西突厥達頭可汗の誇りが如実にあらわれており、達頭の他には、今までの倭の支配層には絶対に考え及ばない外交姿勢である。

## （4）タリシヒコの晩年

隋が618年に唐の高祖に滅ぼされる3ヶ月前、タリシヒコは夢殿から出て、夜明けに群臣を集め、「隋の命運が既に尽きようとしているのに、我が国が隋を援けようとしないことは悲しいことだ」と隋への救援を提案したが、馬子の反対によりタリシヒコの決意は水をさされた。しかし618年3月煬帝が殺され隋が滅亡し唐が建国したが、中国国内は未だ騒然としており、唐王朝がはたして存続できるか否か確認できない時期、「書紀」にはタリシヒコは安芸の国に命じて船を造らせたとある。高句麗の嬰陽王と呼応して大陸に遠征する準備であった。しかしその矢先、嬰陽王が死に、また隋にも反乱を起こし、唐にも反抗した突厥の始畢可汗が翌619年2月に死に、達頭の孫で隋と親交していた西突厥可汗の射匱もこのころ死んだ。このように反唐を貫く周辺諸勢力の主の相次ぐ死には、唐の秘かな働きかけがあったと思われるが真相はわからない。さて、もともと倭国に地盤があったわけではなく、土着勢力の蘇我氏と外国の承認で成立していた不安定な王権だったため、隋という後ろ盾を失くした大王タリシヒコの命運は尽きて当然だった。タリシヒコは書紀等の史料にあるように実際に推古30年（622年）頃に死んだのか否かあるいは倭国を去ったのかは知る由もない。

## （5）蘇我一族

蘇我は、540年頃から乙巳の変で645年本家が滅亡するまでほぼ1世紀にわたり倭国において絶大な権力を握り、政治を壟断したとされる一族である。「蘇我・石川氏系図」などによると、孝元の息子の大彦命から武内宿祢につらなり、蘇我満智−韓子−高麗−稲目−馬子−蝦夷−入鹿となっているが、（蘇我）満智は書紀履中2年条に平群木菟宿祢等と国事を執ったとある。応神25年条に百済の直支王が死に、若い王子が王となったので、大倭の木満智がもっぱら国政を取り仕切った。しかし彼は王母と密通したりして無礼な行為をしたため、天皇がそれを聞いて呼び戻したとあり、「古注」には、百済紀にいうとして、木満智は木羅斤資（百済の将）が新羅に遠征した時、新羅の婦人と結婚して生まれた子とある。満智はまた木劦満智という名で「百済本紀」蓋鹵王21年（475）条に出てくる。この年蓋鹵王の百済は高句麗に攻められて王は敗死するが、その前に王子の文周と木劦満智と祖弥桀取の3人が「南へ行った」とある（南とは倭国の意）。彼等3人が来日した時は475年雄略朝のはずであるが、書紀雄略条には満智のことは何も見えない。しかし満智が雄略朝にいたことは「古語拾遺」（斎部広成807年）の雄略条に「更に大蔵を立て、蘇我満智宿祢をして、三蔵（斎蔵・内蔵・大蔵）を検校せしむ」とあり、満智が今でいう大蔵大臣の役をはたしていた記述があることで分かる。満智の子の韓子は、将の一人である紀大磐宿祢と反目していたが、それを知った百済王は、国境を見せると2人をおびき寄せ、河のそばで矢に射られ韓子は河に落ちて死んだ。韓子の子高麗は、「紀氏家牒」に「韓子宿祢の男（息子）蘇我馬背宿祢、亦、高麗宿祢と曰う」とあるから馬背とも言ったらしい。高麗は安閑とともに来日し屯倉設置に功労があったらしいが、僅か2年でその名は消え、次の宣化朝に息子の稲目が、突如として大臣となって登場する。稲目自身も全国的な屯倉の設置に尽力し、あわせて蘇我氏の勢力を倭国に定着させたようである。稲目の母親はわからないが、妻はすでに大和地方の豪族になっていた葛城氏の娘である。このように倭国の土着の勢力と婚姻関係を結んだ稲目の時代から蘇我氏の時代が始まったのは間違いない。安閑朝から宣化朝、続いて欽明朝に交代の時期も稲目の力が大きく働いたようで、王朝交代は戦いもなくスムーズに行われ稲目は欽明朝にも大臣として留まった。のみならず554年（欽明15年）の百済聖明王（欽明と同一人）死後の名目上の欽明朝後半は、事実上稲目が国王の実務をこなし、570年の稲目の死をもって欽明朝は終了する。稲目から馬子に代替わりする時期、物部氏が武力を蓄え、蘇我、物部の対立に発展する。蘇我氏の推す次の用命朝は対立の渦中にあって2年の短命であり、物部の推す穴穂部も、守屋と共に蘇我氏に殺される。次に皇位に就いたのは馬子と推古に擁立された崇峻だったが、これもまた馬子の命により4年で殺される。崇峻が殺された592年以後推古が即位していたかどうかは明らかではないが、対外的には無王の時代、国内では馬子と推古の共同統治時代ではないかと思われる。この後は、600年突厥可汗達頭が来日し、太子として倭国の既存勢力との権力闘争が始まる。

# 9 高句麗（扶余）の執念

## (1) 天武

天武についてはその偉大な業績にしては大海人の出自、生い立ち等腑に落ちないところが多く、高句麗軍将蓋蘇文説や漢皇子説があるので一説をみる。

### ア 蓋蘇文（半島時代）

蓋蘇文は622年生まれと推定されるが、638年新羅の北辺に侵攻した高句麗軍勢の指揮者は弱冠16歳位の蓋蘇文と思われる。当時倭国は山背王朝末期で、舒明10年（638）条には東国の蝦夷の反乱事件を契機に各地で争乱が相次ぎ起こったとあり、山背王朝は寿命を縮め、隣の百済では42年間の長きにわたりタリシヒコ（太子）に忠誠を尽くし列島の山背をバックアップしていた武王も641年3月に死んだ（武王は600年法王の後継に依嘱され、628年推古が死亡すると、兼ねて舒明として名目上の倭王に就き、641年武王の死とともに舒明も崩御している。王が死ねば当然百済王の座をめぐって三国の間で争乱が起こる）。後継の義慈王は翌年7月に高句麗（蓋蘇文）と謀って出軍し新羅の40余城を下し、翌8月には大耶城をも落城させ降伏した城主とその妻を殺した。新羅は唐に救援を求め、高句麗との取引を探ったが、最後は新羅の名将金庚信と蓋蘇文の交渉で決着した。しかしこの交渉で高句麗王の行動に不満を感じたと思われる実力者蓋蘇文は10月親唐派の栄留王を殺した。これは蓋蘇文が宮城の南で盛大な酒宴を設けて大臣以下百官を招待し一網打尽に百人以上を殺し、さらに宮中に乱入して栄留王を殺し死体を溝に捨てたという。それから百済王である義慈王の息子の宝蔵王を高句麗王にして高句麗の実権を握ったのである。唐の太宗は義慈王が百済王になる前後から義慈王の背後にあって反唐国派を結集している高句麗の実力者蓋蘇文を制圧するには武力以外に道はないと決意していたようで、蓋蘇文のクーデターに怒った太宗が高句麗を攻めようとしたが長孫無忌から隠忍自重するよう強く懇願されたので、太宗は無忌の助言を聞き入れ、宝蔵王を高句麗王として冊封したといわれている。

### イ　大海人前夜

皇極2年（644）6月13日条に筑紫の大宰が、高句麗が来日したと急ぎ報告して来たとあり、次いで23日に百済の調進の船が難波に着いたとある。蓋蘇文の来日に倭国は警戒したらしい。まず、群卿を難波に行かせて百済の調進の品々を検めさせた。そして、前例の品よりも少ないこと、前年気に入らずに大臣（蝦夷）が返却した贈物と違っていないこと、群卿たちへの贈物が全く無いのは前例に違うこと等問いただしたという。それに対して百済人はただちに準備すると答えている。この一行は山背殺害の実行犯グループで、山背弑殺の時期については10月初め、14日、11月1日説等あるが、いずれにしても実際の計画は、蓋蘇文が主導し中大兄が賛同し、入鹿がおだてられて主犯の立場にたたされていたようだ。山背一族滅亡の様子は、書紀に詳しくみえ、具体的な状況描写に関してはこれに勝る資料は見当たらないし、意識的に改竄する必要のない場面は信憑性が高いようである。簡略すると、「11月1日、入鹿が巨勢徳太等をやって山背大兄王等を斑鳩に襲わせた。山背は馬の骨を寝殿に投げ込み隙を見て妃や子弟を率いて生駒山に隠れた。攻め手は斑鳩宮を焼いたが、灰の中にあった馬の骨を見て、王が死んだと思い、囲みを解いて退去した。数日後ある人が山中にある山背等を遠くに見つけて入鹿に報告した。入鹿は軍将等を遣って生駒山を探したが見つけることができなかった。山背等は山を出て斑鳩寺（法隆寺）に入っていたので、軍将等が軍勢をもって寺を包囲すると、山背はついに子弟・妃妾等と首を括って死んだ。山背王朝を無視していた蝦夷も、息子の入鹿が反唐国派の外国勢力に乗ぜられて山背滅亡の一翼を担ったことを知って激怒したが、それから僅か数ヶ月以内に乙巳の変があり、蘇我一族は入鹿を除いた山背討伐とほとんど同じメンバーにより滅ぼされた。

## (2) 乙巳の変

乙巳の変については、その実相は記紀に具体的詳細な記述があり、疑う余地はないが、その真相については、まず大化の改新の異常な誇大宣伝、当時政財界・軍を一手に牛耳っていた蘇我一族のあっけない排除等数十年後編纂された記紀にしては不明なところが多い。実行犯といわれる中大兄と鎌足、蓋蘇文の関係についてみる。

### ア　中大兄

中大兄は大海人と異母兄弟となっているが、出自等客観的具体的に結び付けるものは見当たらない。書紀では父舒明（百済・武王）の死んだ641年の翌年642年が母皇極の皇極元年になっているが、この正月29日条に、安曇比羅夫が筑紫から急ぎ上京して、百済から舒明への弔使が筑紫に来たこと、百済に内乱が起こったことを報告してきたとある。2月に朝廷は比羅夫等を百済の使者のもとへ事情を聞きにやると、彼等は去年の11月に大佐平（百済の冠位十六階の第一位）の智積が死に、今年の正月には国王の母も死に、弟王子の翹岐（後の中大兄）とその母と妹等女子4人、および高官40人余りが島に放逐されたことなどを報告した（舒明の弔問使というこれら百済使者は、筑紫に一旦足止めされ、比羅夫が急ぎ上京して報告しているところから見て、山背朝廷には前もって知らせのない突然の来日だったことが想像される。弔問という儀礼上の来日の場合は倭国側にその準備ができているので筑紫に留められるはずはないのである。おそらく彼等は島に放逐された翹岐等が内密に派遣した使人だったと思われ、時期から見て舒明の弔使というにふさわしいので、書紀が舒明の弔問使に振り替えたのであろう）。ところがこの記事に続く同じ皇極元年2月条に高句麗使人の話があり、6日に高句麗使人が難波津に来たこと、21日に諸大夫を難波郡に行かせて使者が持ってきた金銀などの贈物を調べさせたことと、使者の次のような言葉がある。「去年の6月弟王子（太陽王）が死に、9月に大臣の伊梨柯須弥（蓋蘇文）が大王（栄留王）を殺し、伊梨渠世斯等合わせて180人余りを殺しました。そこで弟王子の息子を高句麗王にし、自分の親族の都須流金流を大臣にしました」。また、2月22日条に朝廷は高句麗と百済の客を難波郡（小郡・外国人を接待する館）で饗応し「百済客」を安曇山背連家に留め、27日には高句麗の使人も百済の使人も帰国したとあるが、百済の客（翹岐）が帰国したことは見あたらない。これより先、翹岐は安曇比羅夫の先導で、高句麗に助けられて追放先の島を脱出し倭国に来ることができたが、比羅夫という人物は斉明朝から662年の「白村江の戦」の頃まで、大海人に密着している大海人の忠臣で、翹岐はこの後高句麗と連合して唐と戦わざるをえない借りができたのである。翹岐は、亡き武王の子で、武王の投影された（「書紀」だけの天皇である）舒明の子でもある。この後、翹岐の名は皇極2年4月条をもって消え、皇極3年正月条の鎌足との蹴鞠の遊びの場面で中大兄として、突然登場する。

### イ　鎌足

鎌足もなかなか素性の明らかでない人物であるが、先の翹岐の報告した百済の内乱で智積が死んだとあるが鎌足と同一人物と思われる。ところで、鎌足の父親は、蘇我入鹿の讒言により常陸に流されたが、二年後に鎌足が生まれ、この時狐が鎌を口に銜えて出てきて「四海を治むべし」といったので鎌子と名付けられたという。鎌子は幸徳が生まれ、まだ高句麗にあった若い時代から幸徳に従い、幸徳が百済王（義慈）になるのを援け、また倭王幸徳になるのに尽力した人だからもともと高句麗系の人であるが、百済では智積は大佐平という百済冠位十六階の一位である高官でありながら、智積は本国の「百済本記」に全く記載されていない。しかし654年智積が造立したという碑（百済妙宅智積造寺碑）が発見され、現在扶余博物館にある。皇極元年7月9日条に「客星が月に入った、22日百済使人の大佐平智積等を朝廷が饗応した」とある。客星が月に入るのは、凶事の侵入をいうが、この場合智積が客星にあたると思われる。智積は前年の11月に死んだと報告されている人であるが、彼は宮中から帰る途中、「翹岐の門を拝す」とあるから、翹岐の屋敷を訪ね翹岐と意を通じたのであろう。智積は百済で死んだことにして来日した人だから、いわば亡命者であり「書紀」には当然帰国の記事はみえず、この後倭国に滞在し続けた人であることは疑えない。しかし智積という名は、翹岐とともに「書紀」から消え、半年後中大兄と蹴鞠遊びで鎌足として対面する。

### ウ　大海人

斉明紀には、斉明（皇極）は最初に用命の孫高向王と結婚して漢皇子を生んだとあり、続いて舒明と結婚して２人の男子と１人の女子を生んだとある。舒明紀には宝皇女（斉明）を立てて皇后としたが、２人の男子と１人の女子を生み、一を葛城（中大兄）皇子といい、二を間人皇女といい、三を大海皇子（天武）といったとある。ところで、斉明紀にある斉明の初婚の相手の用命の孫という高向王だが、皇統譜である「本朝皇胤紹運録」の用命の系譜には、高向王は古書には所伝がないと注意書きがしてあり、同じ紹運録でも前田家本には高向王の名は記載されていないので、高向王は書紀が捏造した人物と思われる。書紀にある高向王とは、高向玄理その人であり、彼が斉明と結婚していた事実を暗示している。天智紀には天智は舒明の太子であり、母は斉明と明記してあるが天武紀には天武（大海人）は天智の同母弟としかみえない。父親は舒明と明記されていないのである。中大兄の年齢は舒明13年条に16歳とあることから、推古34年（６２６）生まれと推定される。大海人の年齢は書紀に全く記載がないが、「書紀」は天武の子の舎人親王が主導して完成した史書だから、父親の年齢を知らないはずはない。年齢を記載しないのはそれなりの理由があるはずだが、「紹運録」に推古31年（６２３）生まれとあるから兄とされる中大兄の方が弟より3歳年少だったことが分かる。しかも書紀では大海人は白雉4年（６５３）に、皇弟として初めて登場するがこの時彼は既に32歳のはずである。中大兄が百済の亡命王子翹岐として来日した時、共にあったのは母の皇極と妹の間人だった。もし大海人が中大兄の弟とするならば、彼はどこで何をしていたのだろうか。いろいろ資料を探してみても軍将「蓋蘇文」のほかに天武の若き時代の行動は見当たらない。その前に人物について一瞥すると、「天武即位前紀」に次のようにある。「生まれしより岐嶷《イコヨカ》なる姿あり。壮に及んで雄抜神武。天文遁甲に能し」と、天武は生まれつき逞しい姿形をしており、勇気もあった上、天文や遁甲、すなわち呪術的天文の見方や兵術（兵法）に長けていたというのである。天武の和風謚の「天淳中原瀛真人」の淳は水たまり、瀛は神仙思想の東方海上の三神山の一つ瀛州山からきており、真人は道教で悟りを開いた仙人を意味することからも彼の思考傾向が道教にあったことは否めないであろう。一方蓋蘇文は自ら姓を泉と称し、水の中から生まれた（潜龍）といって衆を惑わし、外見は雄偉で剛胆だったという。蓋蘇文は父親の東部の大人である大対盧（高句麗の十三等官中の一位）が死んだので、跡目を継ぐはずだったが、彼の性格があまりに残忍凶暴なので、国人は立てようとはしなかった。そこで彼は皆に謝罪して、ようやく父親の跡を継いだという。蓋蘇文は栄留王を殺してから国事を専断したのはいうまでもないが、常に身に五本の刀剣を帯びていたから、左右の人は恐れて仰ぎ見ることすらできなかった。彼は馬に乗り降りするときは、常に貴人や武将を踏み台にしていた。外出する際は必ず隊伍を組み、先駆けが蓋蘇文の名を呼ぶと、逃げない人はいなかったという。反面、蓋蘇文は王に道教の経典や道士を唐国から取り寄せるように頼んだというから、道教に関心をもっていたことが分かる。蓋蘇文の外見は「舊唐書」にも見え、それによると「鬚貌甚偉、形體魁傑」だったという。

**エ　主役**

乙巳の変の主役についてはいろいろ取り沙汰されているが、当時倭国の政・経・軍を掌握し名実ともに大王職にもある蘇我一族を覆す意欲と力を合わせもっていたのは蓋蘇文以外居ないし、考えられない。倭国の最高の国家機関で、名目とはいえ皇極天皇の列席する三韓の調進の儀式が執り行われる皇極殿で白昼、馬子を殺せるのは、直後の事態を思えば、気違いか、さもなければ剛胆な戦略家以外にはない。

## （3）大皇弟時代

さて、少し話は戻るが、６４４年9月に蓋蘇文の使者が入唐して太宗に白金を贈ったが、太宗の側近の猪遂良が、蓋蘇文が栄留王を殺害した故をもって受け取らないように薦め、太宗も進言に従ったという。翌10月は山背が殺されるから山背誅殺を前にした蓋蘇文が事前に唐国の承認を求めるつもりだったのかも知れない。山背が殺害されたという報に接した太宗の高句麗征伐は645年正月から実行された。戦艦500漕で萊州（山東半島東端）から鴨緑江を北上し平壌にゆく海路と、太宗自らは大軍を率い陸路高句麗領内に向かった。しかし平壌陥落を前にした10月になって、暴風と降雪が止まず犠牲が多くなったので、太宗の率いる唐国軍は本国に撤退せざるを得なくなった。ところで、蓋蘇文の専横が理由で太宗の高句麗親征に発展したのだから、必ずや彼は唐国軍を迎え撃たねばならないはずである。しかし彼は援軍を差し向けたが、何故か自らは出陣した形跡はない。蓋蘇文は翌646年5月に使者を唐国に派遣して、太宗に美女二人を献じたが、太宗は受け取らなかったという。この時も蓋蘇文本人が入唐したわけではないから、彼がどこにいたかは不明である。647年太宗は二度目の高句麗征討を決意し、水軍は萊州から、牙山湾に上陸し百済の石城を陥落させ、陸からも遼水を渡って南蘇城（撫順市）ほか数城を陥落させたが、この時も蓋蘇文が出陣した様子がない。けれどもこの年647年12月、蓋蘇文は莫離史任武として謝罪のため入唐している。しかし唐側は、高任武の謝罪に耳も貸さず、海上戦が有利とみて、翌648年正月から、蒔万徹を大将に3万の将兵を戦艦に載せて今度は鴨緑江に出た。勿論この時の戦いにも、唐国にいたと思われる蓋蘇文は出てこず、高句麗は完敗した。しかし翌649年5月太宗が死んで、しばらくの間、唐国の対高句麗戦は中断することになる。さて約1年半前の蓋蘇文の入唐は孝徳即位を唐国に求めて行ったものでもあるが、その後、彼が確実に高句麗にいたと証明できるのは662年正月、唐将と平壌郊外、天武の蛇水という場所で戦ったとあるだけである（高句麗本紀）。この間彼がどこで何をしていたか分からないが、このころ蓋蘇文は、西から唐国を攻める同盟国を求めて中央アジアを遍歴していた可能性がある。事実、彼は当時河西回廊北部のモンゴルにあった回鶻《ウイグル》と連合して唐国を攻撃する計画をたてていた（新唐書列伝142）。また白雉4年条に、皇太子・皇祖母尊・間人・皇弟が、孝徳を難波に残して飛鳥に去ったとあるから、このころ蓋蘇文は皇弟大海人として倭国にあったようにみえる。さて、大皇弟大海人の倭国での行動であるが、高句麗の蓋蘇文として名を成した人ではあるが、当時の倭国人にとって異国人以外の何者でもなかったはずだ。「書紀」には軍将として記載はあるが、大皇弟の大海人個人名がみえないことは、不在か表立った活動はなかったと受け取られる。しかし実際は重要な裏方として、または密使として外国を飛び回り、天武朝へ移行の布石を着々とうっていたものと考えられる。

## （4）　壬申の乱

乙巳の変後の倭国については、中大兄や古人の昇格・就任、義慈王の帰国（孝徳兼任）、皇極の続投等蘇我亡き後、名実ともに真の大王の座をめぐる争いは熾烈を極めるが、蓋蘇文はコップの中の権力闘争には関心が薄いようで、白雉4年中大兄が大王位に就くと皇弟（大海人）として、倭国政界に公に現れる。しかし皇太子としての公務のめぼしい記録は見当たらず、乱を迎える。この間天智の死、他記紀に書かれてない策謀があったとは考えられるが、詮索は無駄であろう。さて乱は、古代史最大の戦争といわれているが、実態は朽ちかけた既存組織の天智勢力を一掃し、天武朝を確立した鮮やかな無血革命ともいえる。天智、天武両軍は東西に集結対峙し、大納言蘇我果安は、御史大夫物部系巨勢比等とともに近江朝主力軍の参謀となるが、会戦の直前、二人は味方の総大将の首を取り近江軍を空中分解させる等、既に軍司令官の居ない軍は烏合の衆で、戦う前に近江軍は崩壊していた。これは、政治軍事の熾烈なたたかいの洗礼をうけなかった倭国育ちの天智既存勢力が、千軍万馬の蓋蘇文に政戦略で太刀打ちできず、呆気なく敗れた乱というよりその戦いは、対峙降参であった。

# 10　日本のあけぼの

## （1）律令国家

大化の改新後倭国はようやく律令国家への道を歩み始めるが、その最大の政治改革は、中央、地方各地の豪族が治めていた政治を、豪族の権限を廃止して天皇のもとにおき、一元化してすべての国民を公地公民として律することであった。しかしこの改革は、有力豪族にとっては最大の既得権力を手放すことであり、彼等にとっては死活問題で実行は遅々として進まなかったが、中央・地方官庁への横滑りや登用により少しずつ宥め賺し新体制への格好をつけてゆく。

### ア　畿内王権

古代倭国の王権については、中国史書に3Cごろ北部九州の王達に推戴され邪馬台国を治めた卑弥呼の記録があるが、その後については明確な根拠のある記録に乏しい。列島では、古くから畿内地方を治めていた有力豪族ナガスネヒコが、東征した神武勢力に追われ東北地方に荒吐族の古代東北王朝を樹立した。この王朝は世襲の王のもと、各地域の部族長老の合議で選出された5人の王が、各地域の施政を行ったとあり、独立国家の樹立である。近畿地方では、古墳の造営にみるごとく3C末頃から有力豪族が力を蓄え、勢力圏を拡大し氏族の首長（王）が領内を治めていたと考えられるが、その王達を束ねる盟主（大王）についてはその存在はうかがえるが、王朝等の出現については今一つ定かでない面がある。大伴・物部・中臣・土師などの氏族は、早くから大王家に臣属し、その家産的組織に組み込まれて、大王の手足となって職務を遂行してきたと考えるが、5C代に王家と婚姻関係を結び王家の外戚として大きな勢力をふるったヤマトの豪族である葛城氏は王位継承争いに巻き込まれ雄略にあっけなく滅ぼされる。また地方豪族でありながら5Cごろに一大勢力を誇っていた吉備氏も、反乱やクーデター（の口実）により、物部、大伴等の軍勢により滅ぼされ没落する。西国では527年（継体21）、新羅に破られた「任那復興」のため近江毛野臣が6万の兵を率いて出発するが、筑紫（のちの筑前・筑後の福岡県を本拠とする）の磐井は、新羅と結んで北九州で毛野の軍を阻んだ。当時の磐井は、火（のちの肥前・肥後、佐賀・長崎・熊本県）、豊（のちの豊前・豊後の福岡県東部と大分県）の二国まで勢力下に収め、九州王国を樹立していた。翌年、大連の物部麁鹿火が大将軍として派遣され、筑紫の御井郡（福岡県久留米市付近）で磐井と戦い、ついに磐井の君を斬って、九州王国は滅ぶことになる。その年の末に、磐井の子の筑紫の君葛子は、父の罪によって殺されることを恐れ、糟屋屯倉（福岡市付近）を献上して贖罪を願ったという。糟屋は、わが国最初の信頼できる屯倉であり、また筑紫国造に任命された葛子も、最初の国造と思われる。国造は倭王権が設置した地方官であり、国造制が成立すると地方豪族は国造という倭王権のツカサ（官）に任命されて、在地支配を行うようになった。なお、磐井については、書紀には筑紫国造と書かれているが、古事記には単に、筑紫君石井とだけあり、「筑紫国風土記」の逸文でも磐井は国造とは記されてはいないので、書紀の記載は疑わしい。ちなみに、君は当時の政治秩序では、君・臣・民の三つの階層を前提としており、君は王とも書かれる。なお、臣は「王臣」「群臣」「官に任ぜる者」などと呼ばれ、ツカサに任ぜられた官人をさしている。民は「百姓」「人民」ともよばれる。

## イ　統治機構

６Ｃの畿内王権の中枢は大王のもとに大臣・大連の執政官がおかれ、重要事項はそれに大夫が加わって合議が行われた。最初の大臣は、宣化朝の馬子といわれており、大夫とは大王の御前に控えて、その命令を伝え、また逆に臣下からの申請を大王に取り次ぐ官であるが、大夫を出した氏は、蘇我氏以外の８臣、３連、１君（三輪氏）の12氏族であった。日常の政務は、案件を携えた官人が、担当の大夫のいる庁の前に進み出て、口頭で案件を上申すると大夫はその場で「よし」と口頭で決裁する。一存で決裁できない案件は大夫がさらに閤門内に入り、大殿の前で大王に上奏し決裁を仰ぐことになる。地方についてては、畿内王権と同盟を結びまた畿内王権に服属した一部の有力地方豪族が、一族の有力者や従者を引きつれて王宮に出仕し王権を支えていたと思われるが、この関係ははるかに流動的であるため、６Ｃ以降になると国造などの地方官をおき、ミヤケ制・国造制・部民制等の支配機構を媒介とした地方支配を進めていった。

## （２）信仰

信仰は、個人、家族、同族、地域に自然発生するもので、各人各集団各様であるが、信仰心を確かめ合い広めるための祭が付随する。そして祭により共同意識や帰属心が芽生え同一信仰の集団は強固な力を発揮するようになり、これを司ることがまつりごと（政治）と称されてきた。まつりごとは古来からも為政者の大きな関心事であり、このころまでの信仰は土着の地方神信仰と政が一体の祭政一致であったが、天皇家が応神信仰をとり入れ、仏教も加わると、国の祭・政・財・武が複雑化し始める。6C中ごろ、欽明朝時代に倭国に百済から仏教が伝えられ、その受容をめぐって論争が巻き起こり政治問題化する。書紀によれば欽明天皇は群臣にその受容の可否を問うたところ、蘇我稲目は「西蕃諸国（西隣の朝鮮諸国）はこぞって礼拝しております。倭国だけが拒絶するわけにはいきません」と答えたが、物部尾輿と中臣鎌子は「我が国の王が蕃神（外国の神）を礼拝されれば、きっと国神（我が国古来の神）の怒りをうけるでありましょう」といって反対した。結局この場は、欽明は受入れを熱望した稲目にのみ個人的に仏教を信仰することを許した。稲目は、欽明から授かった仏像を小墾田の家に安置して仏道に励み、さらに向原の家を寺としたという。ところが、その後疫病が流行し多数の死者がでたので、物部尾輿らは、国神の怒りとみなし、天皇の許しを得て、仏像を難波の堀江に投棄し、伽藍に火を放った（569年）。これが最初の「破仏」（仏教弾圧）である。その後しばらく仏教信仰は停滞を余儀なくされたが、584年弥勒の石像が百済からもたらされたのを契機に馬子が仏教を再興する。翌585年馬子が病気になったので占うと、仏の祟りとでたので馬子は弥勒石像を礼拝し延命を願ったが、この時国中に疫病が流行って多数の人々が死亡した。物部守屋と中臣勝海は、疫病の流行は馬子が仏教を信仰しているせいだと敏達に訴えると、敏達もそれに同意し、仏教の禁止を命じた。守屋は自ら寺に行き、仏殿は焼かせて、仏像は難波の堀江に捨ててしまい、尼僧にも弾圧を加えた。2回目の「破仏」である。神仏をめぐる熾烈な信仰のたたかいは、皇位継承に端を発した武力衝突で決着がついた。585年敏達が亡くなり、殯宮で馬子と守屋の対立が表面化し、二人は互いに相手を嘲笑しあって対立を深める。後を継いだ用明は重臣を招集し仏教の帰依を表明し、その可否を重臣に協議させた。席上身の危険を感じた守屋は阿都のヤケに引き上げて手勢を集めた。馬子も急遽兵を集めて守屋側の皇子を殺害し守屋討滅の兵を挙げた。守屋は、一族の人々と奴（ヤケの隷属民）を糾合して馬子軍と戦ったが、敗北し物部一族が滅び、仏教立国へと進んだのは周知のとおりである。

## （3）日本中央の石

8C末征夷大将軍として日高見国を滅ぼした坂上田村麻呂が、兵を長躯陸奥湾の海岸線まですすめ、現在の青森県野辺地市近くの上北郡甲地村に到り、弓はずで石に「日本の中央」と刻んだという伝承がある。これについて、平安後期の歌学者顕昭の「袖中抄」巻19「いしぶみ」の項に、この石碑について言及されている。そして彼は、みちのくは列島の東の端と思われているが、千島もあることからすれば、この地（石文があったとされる野辺地付近）を「日本の中央」といったのだろうと解している。すなわち平安後期においてもヤマト国家の中央（京）に対して、日本（旧日高見国）にも中央というべき地点があったのだとこの学者は考えていた。もし日高見国を昔の日本列島全体の名称とすれば、千島から沖縄にわたるこの国の「中央」は、ここ陸奥湾の海岸地帯だといえる。現在の統一国家としての私たちの国を「日本」と記し、また「ニッポン」「ニホン」と呼ぶが、それを「ヒノモト」とも呼ぶ人々は、戦前にはたくさんいた。そもそも「日本（ニホン）」の由来については、天智のころ「倭国」が国名を「日本」と改めたということが「唐書」に出ており、半島由来説、畿内の「日下（クサカ）」地方にあった物部氏が東北に亡命し「日下（ヒモト）」国をつくった等説は分かれるが、昭和24年野辺地に「日本の中央」の石碑が発見され、平成27年地元自治体が公園として整備、保管したことから、日高見説が現実味を帯びてきた。

# 11　女帝孝謙（天皇家）の祈り

## （1）男の権力志向

古代の倭国についてみると、土着の男性で強い権力者はあまりうかがえず、近畿の長髄彦・安日彦兄弟や九州の磐井の君の名前が挙がるくらいで、男が強力な武力をもって権力を握り、国を治める風土が乏しかったとしか思えない。このため、大陸や半島の王族や武将が列島に進出し、比較的容易に統治にあたることができたと思われる。即ち渡来系の神武（東川王）や応神、讃、達頭、蓋蘇文が、権力志向の強い男の典型的人物である。一方、倭国の女性は、天照、卑弥呼、斉明（皇極）や持統、称徳にみられるように男社会を穏健にまとめる働きを期待され、それに応えてきたように思われる。鸕野皇女（持統の幼名）は夫天武が没すると、文武両道に秀で、人柄も立派で人気抜群であった実姉・太田皇女の子大津皇子を陰謀により殺して、孫の遺児・軽皇子に皇位を継承させるための方便として自らが即位（690年）する。即位式は諸豪族の反発を恐れ、伝承では不比等の私邸で行われていたという。のち数代天皇家に自家の女子を送り込み天皇家の外戚となって実権を握る不比等とともに文武、聖武、孝謙（称徳）と皇統をつなぐことになる。

## （2）孝謙（称徳）天皇

持統は、在位7年で697年孫の文武に皇位を譲り702年この世を去り、不比等は自ら制作にあたった律令という法体系と天皇（外戚）という権威を武器にもって、太政官人事を自派勢力で固めることで不動の地位を確立し、720年日本書紀を完成させて世を去る。王家は707年文武が死に、子の聖武が7歳と若かったため、文武の母の宮子（元明）、次いで姉の元正が中継ぎをし、724年聖武が即位する。このころ朝堂は不比等の一族が占め、唯一反藤原派の旗頭で文武両道に秀で人気も高かった天武の孫にあたる長屋親王と藤原との確執が急であったが、729年長屋親王謀反がデッチあげられ、親王一族は滅亡する。このような国政の危機に藤原の子聖武は、関東行幸へ出発し、都を出てから5年間平城京には還らず、伊勢、不破から山城、近江、難波と世にいう天皇の彷徨という奇怪な事態が起きる。天平12年（740）暮れに山背国相楽郡に恭仁宮を営み、14年には近江国甲賀郡に紫香楽宮を造営し、ここと恭仁宮とをしばしば往還し、紫香楽に盧舎那仏造立事業を進めるが失敗する。16年には摂津の難波宮を皇都としたが、天皇は紫香楽宮に遷り、天平17年（745）に平城京へ、と5年間各地を転々と放浪したのである。24歳で叔母元正から帝位を引き継ぎ40歳の聖武のこの不可解な行動は、わがままに育った帝の気まぐれとか藤原と反藤原の闘争に巻き込まれ、ノイローゼ気味になったとするのが一般的な解釈だが、それはあまりにも無責任な見解といえる。聖武は、大切な〝藤原の子〟として不比等に純粋培養され王位に就いたが、母宮子は出雲系で反藤原のアジトとなっていたヤマトの葛城を地盤とする鴨氏の女人から生まれたことからか生後間もなく聖武から引き離され不比等の邸宅で幽閉され、母子は30数年一度も会ってはいなかった。それが藤原4兄弟の死の直後（737年12月ごろ）、幽憂に沈み精神を患っていたといわれる宮子は、皇后宮において僧正玄昉に会い、彗然として開悟したという。そして37年振りに逢った母は、藤原のしでかしてきたこと等懇々と諭し、聖武は藤原の横暴、傀儡のわが身を悟り、この直後から天皇としてではなく一人間として自我に目覚め自らの人生を進み始めたと考えられる。聖武は、俗権力（藤原）に対抗するため、天平15年（743）大仏発願の詔を発し、東大寺（聖武が発願、行基が大勧進、良弁が開基）の建立を始める。古代仏教寺院は、国家の庇護によるものか、大豪族の私的所有物であったが、聖武は多くの有志が集まって金や労働力を提供し、寺を建立しようと行基（15歳で出家し、民衆の立場になって仏教を説いたため朝廷から弾圧されたが、のち朝廷が接近し大僧正になる）や良弁を抜擢する。752年に大仏開眼供養は行われたが、聖武の反抗は、玄昉を左遷（745年）した藤原仲麻呂（恵美押勝）の台頭によって敗北し、749年2月には頼みの行基も没して749年には退位する。さて、阿部皇女（孝謙）は、718年ともに18歳の聖武と光明子の長女として生まれ、幼児から父聖武の傀儡天皇としての苦悩を身近で見ており、738年阿部内親王（孝謙）として立太子するが、749年正月14日聖武は出家し勝満という僧侶になり、皇位は49歳の聖武から32歳の娘の孝謙に引き継がれる。彼女は、父聖武の行動と思想を忠実すぎるほどに継承した愛弟子ともいえる女帝であるが、しかし皇位にあるとはいうものの、母光明皇太后と藤原仲麻呂（叔母・甥の関係）の専横によりいわば飾り物の天皇にすぎず、政界も混迷を極めた。756年聖武が死去し、遺詔により道祖王が立太子されるが、翌757年3月群臣らの総意によってその地位を廃され、翌4月4日道祖王に代わって皇太子に立てられたのは、大炊王であった。大炊王は、藤原仲麻呂の亡息（真従）の妻、粟田諸姉と結婚し仲麻呂の自邸で生活しており、仲麻呂の薬籠中にある皇族といってよかった。翌758年孝謙は大炊王（淳仁）に譲位し太上天皇となった。760年正月4日藤原仲麻呂改め恵美押勝は大師に任命され律令官制の最高位を極め、その権勢は絶頂に達したが、この年の6月7日彼の権勢の源であった光明皇太后が亡くなり押勝の没落が始まる。一方41歳で譲位し太上天皇となった孝謙も老い、病の床に臥せることが多くなったが、近江の保良宮で重態に陥った孝謙の病を救ったことで彼女の絶大な信頼を得るに至った僧侶道鏡の重用が始まる。ことは淳仁天皇が、孝謙太上天皇による道鏡の寵愛に苦言を呈したことに始まる。762年6月早々、上皇は五位以上を朝堂に集め詔して淳仁天皇は私に従順ではなく、何か仇敵に対する如く私の身に覚えのないことをあれこれ言い立てる等と激しい口調で天皇を責め、同じ一つの宮に住んでいると、この種の暴言が耳に入るので私は出家するといい（法基尼と号す）、さらに「但し政事は、常の祀小さき事は今の帝行いたまえ、国家の大事、賞罰二つの柄は朕行わん」と宣言した。上皇がこうまで強硬になったのは、単に道鏡との問題だけではなく、21歳で立太子、32歳で即位、そして今45歳を数える上皇が、その過去を省みるとき、実権は常に父母の手にあり、自分は中継的存在としての飾り物であったことの空しさから、一人間として自己に目覚め、父と同じように自立の道を進み始めたと見るべきであろう。恵美押勝は、自分が擁立した淳仁天皇の権力まで奪われて、孝謙太上天皇に敵意を抱きはじめ、764年道鏡そして上皇をも排さんと計画を進めたが、9月上皇側に密告するものがあり敗れ、近江を指して逃走するも琵琶湖畔で捕らえられ惨殺される。10月9日上皇は兵数百を中宮院へ派遣、天皇に次の詔を伝えさせた。私は聖武天皇から譲位されたとき「王を奴と成すも、奴を王と云うとも汝の為まにまに」また汝の後継者が汝に無礼あれば廃位せよとも勅を受けた、今淳仁天皇は仲麻呂と心を一にして私を排さんとした。その故に皇位を剥奪し親王に貶し淡路国公に退けると。淳仁天皇は直ちに淡路に送られ一院に幽閉され、翌765年10月親王は脱走を企てたが果たせず捕えられ、翌日薨じたという。33歳で後、淡路廃帝とよばれる。淳仁天皇を退けた上皇は、再び皇位に復し（重祚し称徳天皇）、765年道鏡を太政大臣禅師に任じ、次いで766年法王となし（法王に対する待遇は天皇と同等とされた）、藤原永手を左大臣、吉備真備を右大臣とする。さらに円興禅師が大納言に準ずる法臣、その弟子の基真禅師は参議に準ずる法参議になる等道鏡が政治の実権を握ったので道鏡政権とか仏教政治とかみる向きもある。769年正月3日法王道鏡を大臣以下が拝賀しているが、この9月周知の宇佐八幡神託事件が起こり、道鏡即位計画は挫折し、翌770年8月4日、天皇は西宮寝殿で崩じた。春秋53年であった。この神託事件や、ともに独身で、40代の称徳と僧侶で50代の道鏡の仲を詮索する見方は多いが、何れであろうと取るに足りない問題であり、称徳という王家の女性が、父の不本意、不遇の王権を受け継ぎ、見習い健気に藤原一族に立ち向い王道を全うした勇気は称賛に値する。特に、先帝聖武が皇位を禅譲するとき述べた遺訓を肝に銘じ、先帝は出家して奴となり、自らは奴（道鏡）を王としようとした父子の信念（生き方）には、敬服する。

## （3）万世一系の天皇による統治

称徳女帝の死をもって、聖武天皇の行動と思想にも、ようやく終焉が訪れたが、称徳の遺詔によって、天智天皇の孫白壁王が皇太子に立てられ、約2ヶ月後即位し光仁天皇となる。光仁は、その後10年ほど生き781年には、皇太子であった山部親王が即位して桓武天皇となる。桓武は天智直系の曾孫で、以降絶えることなく1200年以上続き今に至るが、天武系は称徳をもって終わり、王権に残ることはなかった。さて、書紀によれば、神武から続く万世一系の天皇は、我が国を統治するとあり、17条憲法や書紀も完成し名実ともに整った8C、国民の天皇に期待する所は大きかったと思われる。しかし歴史は、統治とは程遠く、永い戦乱の世が続き国民は塗炭の苦しみを味わう。優れたと思っていた憲法が間違っていたのか、何百年変えることなく有名無実（いつの時代も変わらない）で責任をもって国を統治しようとしなかったのか、摂関家の横暴とか、武士の台頭、跳梁と今更嘆いても始まらない。為政者は何を祈って、たたかってきたのだろうか?

## 12　前大戦

前大戦では、多くの国民は勝利を祈り、戦ったが、最後はわれに利あらず無条件降伏により終戦を迎えた。戦後国民は総懺悔し、不戦を誓い、武力を放棄する平和憲法を謳歌している。一方、発足当初は憲法違反と騒がれた武力集団が、俊秀を集め着々と戦力を充実し、今は堂々と国政の場にも進出している。

### (1) 少年の祈り

1945年の終戦当時、国内外に多くの国民がとりのこされ、自ら必死に生きていくことを余儀なくされた。当時10歳前後のわれわれの世代で、国内にいた者は、空襲の恐怖や疎開の不便苦しみを体験はしたが、戦争というにはおこがましく、戦争を知らない子供達といえる。しかし、中国特に満蒙の地で終戦を迎え、国の保護と軍隊を失った多くの少年たちは、逃避行と自ら自活の道を見つけ、生きてゆかなければならなかった。そして幸運にも生きて帰国し、国が独立し国民を守る有難さを身にしみて体験した彼等は、成長し新国軍の育成の道に進んだ者も少なくない。防衛大学や卒業後の軍務で筋金入りの彼らは、同期から一目置かれる存在となり、トップ集団へと入っていくことになる。異国の地奉天で筆舌に尽くしがたい艱難を克服され幸運にも帰国されたO兄の力強い手記（私版）「赤い月」や、M兄の長躯張家口から帰還した手記（蒙彊：終戦までの10年）は、戦後の反軍風潮のさなか防衛大学進学を決意させた貴重な歴史資料であり、一読を推奨するが、関係者のプライヴェートにわたる部分が多く掲載は割愛させていただいた。

## （2）大地の子

山崎豊子氏の小説「大地の子」は、異郷の地で敗戦の惨禍に遭い悲惨な人生を余儀なくされた人々の苦労を詳述して余りあるが、現実の世界では同世代で幸い故国に帰り共に国軍の再建に人生を捧げた優秀な先輩諸兄や後輩が少なからずいる。彼らは、生死を超えた苦境にめげず、帰国後もこの経験を糧として軍の中核として活躍し、第2の人生においても企業人として社会の各分野で多くの貢献をしている。「不毛地帯」の元参謀は、旧軍の負の遺産について戦後悪の権化のごとく描かれているが、新国軍では定年退官後世界のトップ企業T自動車の実力顧問として活躍したO兄のような人材も少なくない。

## 13　日本人の歴史観

最後に、戦後交戦国からは12歳の子供と揶揄され、内外からも一見掴みどころがない民族と見られ、周辺共産国からは平和憲法の日本は早晩なくなるとブラフを受ける日本人、長い歴史を通じ日本人とは何かについてその一端を垣間見ることにする。

## （1）国家観の欠如

古代渡来した徐福の後裔達は、原住民に溶け込み、列島支配の野望も意欲も持たず、天皇制が確立する8世紀初めごろまでの有力豪族は、応神・仁徳・太子・天武の渡来武将に易々と支配の地位を明け渡し、自ら倭国の統治は放棄した。天武一族は、記紀を完成し、皇別・神別・諸蕃その他未定雑姓の身分制度を確立し優生統治の不文律をもって国を治め、社会の底流として今に残っている。日本の国家については、17条憲法上神国の天皇が統治するようになっているが、実質摂関家や武士、時には僧職も関わり権力構造は不定で、列島を統一する一義的な国家存在の意識は、日清・日露から前大戦の一時期を除き国民には乏しく、国家観の欠如ともいえる。

## （2）善良な神の支配する世界観

古く自然崇拝の山岳信仰に、徐福・卑弥呼等がもたらしたと思える中国土着の道教が融合して我が国古来の国神信仰が生まれ、後に仏教も加わり穏健善良な神を崇拝する信仰心が広く国民の間に定着し日本文化の基調となった。またこれは、統治者でもあり祭主でもある天皇制とも関係を深め、神様仏様は広く社会の原動力となり頼れる最後の存在として、また天皇は一時現人神としても崇められた。国家の危急時元寇では、台風を神風と称し神国を救った救世主と信じ、前大戦末期乾坤一擲神風特攻隊を編成し、純真な若者は悠久の大義を信じ散って行った。

## （3）闘争を悪とする潔癖性と英雄独裁をさける歴史風土

古代渡来する武将に対して、列島に割拠していたと思われる天皇家他有力豪族が、これに抵抗するか迎え撃った形跡がうかがえないことは武力の懸隔も勿論あろうが、争いそのものを忌避していたとしか思えない。また渡来の武将たちもこのことを承知か国内平定の形跡は見当たらず、在来豪族は面従腹背で時を待った様子がうかがえる。倭の五王は5代で終わり、太子の一族は、危険な都を離れ出羽の羽黒山に籠った能除太子もいるが、太子の死後一族は滅び途絶えている。天武の後継は、女帝を経て光仁で途絶え、天武系は以後復活することなく、天智系の桓武が元に戻って即位したように、在来国民は悪には無言の抵抗で応える。永い武士の世も王族は、武士の戦には付かず離れずして影響力を及ぼし生き延び、武士も天皇の権威には従った。唯一の独裁者信長は光秀に倒され、大東亜共栄圏構想についても大戦の名目としてもちだされたもので、特定の軍人や政治家が植民地獲得のための目標として設定したものでも、ましてや統治者・大元帥昭和天皇が係ったものでもない。

## （4）歴史認識

日本人の歴史観の根底には、万世一系の天皇制を奉ずる日本書紀がある。戦前までは天照以下連綿と続く天皇の家系を世界にも誇れるものとして仰ぎ、天皇家を中心とする社会の風習は隅々まで行き渡り神国の歴史を疑う者はいなかった。戦後象徴天皇となり歴史に違和感を感ずる人々も、積極的にこれを見つめ直し歴史の真実に迫ろうと試みる人は少なく、歴史問題はひとまず棚上げにし、自らの歴史の関心は薄れる一方、社会全般に広く定着した皇室関連の社会風習や宗教施設、遺跡等に関心をもち楽しんでいるのが現状であろう。問題は周辺諸国が主張する前大戦に関する我が国の歴史認識である。前大戦では我が国は周辺の諸国に多大の損害を与えたことを謝罪し、賠償も終わっているが、戦争責任については個人の歴史観も異なり、国民が納得する合意を得ることは困難である。極東裁判ではA級戦犯として連合国から処断され、一応国民も受け入れてはいるが、そもそも前大戦は、西欧列強の植民地獲得競争にあえぐ極東の解放の一面もあり、お互い様ともいえる。歴史には傍観的で、悪にも関わりたくない国民性によって、旧軍やその中心で働いた戦犯を合祀する靖国神社に抵抗感を抱き他人事視する国民も少なくないが、皇軍のトップとして君臨した天皇をはじめ旧軍人の戦争遂行を、当時の国民が国を挙げて支援したことは歴史的事実であり、先達の尊い生命を顧みず国難にあたった犠牲的行為には国民として国家として哀悼の誠を捧げることは当然で、他国から非難される筋合いのものでもあるまい。特に我が国の社会では、死者に鞭打つことは強く戒められ、逆に死者の生前の業は水に流し、みんな死後は分け隔てなく神・仏として丁重に供養することを、大事な風習として民族的合意は得られている。靖国参拝というこの為政者の当然の国事行為を、時あたかも緊張する国境線の拡大を有利に進めたい周辺国は、歴史的にも解決の難しい戦争責任につなげ、反省がないと激しく攻撃する。歴史は一国のみのまた一時期のものでもないように、中国は数千年の悠久の素晴らしい歴史があり、わが国も古代は長く大陸国家に臣従し係わった歴史がある。これらを見つめて互いの国家主権を尊重し、自国の安全発展を目指すのは、近代国家の義務であろう。

## 14 終わりに

本シリーズは、人間の行動には必ず何らかの目的（潜在的な祈り）があり、そのためにたたかうものと考え、日本人は如何なる目的で生きてきて、日本人とは何かを歴史的に考察しようとし、国家を動かした主要な人物にもスポットを当て、祈り（宗教）、政治、軍事分野からながめたが、多くの人間は、明確な目的をもって生きているわけではなく、目的意識に目覚めてもこれを終生保持することなく、むしろ挫折と転換を繰り返す迷いの人生ともいえる。釈迦は遺言で「世の中は移りゆくものなり、心して励めよ」と弟子を戒めたように、「移りゆくもの」即ち（世間の生きた人間の歴史）を見つめて、真剣に生きよと忠告している。

**【編集後記】** 文体は酔狂の中、会話調の内容がストレートに伝わるようそのまま整理したので、固有名詞等敬語なしで記述しており、失礼の段ご容赦願う。

# V

## ［祈り（祭）とたたかいの狭間］
# 信仰

●目次

## 1 はじめに

狭間シリーズで前回まで、人間集団や個人の生き様とその活動内容であるたたかいについて見てきたが、その根底にある祈りとりわけ信仰について探究し、シリーズに追加したい。本小論は、同期の月例の定期酒席で論争した内容の骨子を思いつくままに整理したものであり、紙面の関係上舌足らずや自家撞着は承知のうえである。ご叱正を乞うものである。

## 2 信仰の意味

祈りも信仰も、茫洋としてつかみどころのない概念であるが、本稿では、人生の具体的な目標、目的を祈りといい、祈りの精神的な分野を信仰と称している。信仰については、人生において何を一番大事なものと考えるか、またそれは何であるかが、根本的な問題であるが、西洋の一神教と言われるイエス、エホバ、マホメットや仏教の仏陀もこれに類するも、仏教ではこの神もさらに菩薩、地蔵、権現等々ランク分けされ、多くの宗派を形成する。一方我が国は昔から八百万の神といわれるごとく各自各様それぞれの神を信仰し、偶像はもたず何を信じて生きてゆくかは各自の自由であるが、最も厄介な問題は信長や義満のように神を信じないか、自らを神と称する人間が存在することであろう。さらに言えば、他人の信仰する神との係り、自ら信仰する神への忠節・帰依・布教、さらには他宗派の誹謗、攻撃等その活動は、政治、軍事、経済の社会万般ともかかわって時には大きな歴史問題ともなってきた。

## 3　三内丸山

三内丸山は、わが若かりし頃2年弱勤務した地で、当時野球場予定地を見下ろす道路を往復し近くの演習場（国有地）に出かけていたが、国の特別史跡として、縄文の常識を塗り替えた遺跡が発掘されようとはつゆ知らず、昨年縁あって旧部下達と30数年ぶりに久闊を叙し訪問した。そこは約５５００年前～４０００年前の縄文集落跡で、大型竪穴住居や大型掘立柱建物の跡など多くの遺構、遺物が出土している。

## （1）円筒式文化圏

三内丸山遺跡は、陸奥湾に面した青森市の郊外、ＪＲ青森駅の南西３キロに位置し南東の方向に八甲田山系が連なる丘陵の先端にあり、標高50メートル程の台端平地で、97年３月国の史跡に指定されたのは24・３ヘクタールである。縄文集落当時の海面はいわゆる縄文海進によって、現在よりも５メートルも高く、青森湾の海岸線が集落の数百メートルまでの位置にあり、海まで歩いて数分の距離であった。三内丸山地域には同じような三内、小三内、三内沢辺、三内霊園の遺跡が、三内丸山遺跡から１・５キロ以内で発掘されており、これらは血縁で結ばれ、氏族共同体が形成されていたと考えられる。さらに10キロ以内の距離には、熊沢、近野、四戸橋、野木和、田茂木野、蛍沢、浪館、安田などの遺跡が発掘され、これらを含め青森市内には２００もの縄文遺跡が確認されており、それらの多くが三内丸山と何らかの関係があったと考えられる。三内丸山遺跡から西南西方向に約3キロしか離れていない熊沢遺跡からも、多くの住居、土壙、「廃棄ブロック」が発掘され、多数の円筒式土器が出土している。円筒式土器は、６０００年前から４５００年前にかけ青森県を中心に東北、北海道の遺跡から発掘され、南は秋田、岩手、山形県、北陸地方、北は渡島半島から勇払、石狩平野、礼文島、利尻島までの広大な地域的広がりが、うかがえる。この時期関東以西の列島にはこのような共通の土器を共有する集落圏は見当たらず、まだ文化圏も成立してなかったと思われ、後世日高見国を滅ぼした坂上田村麻呂が野辺地近くの陸奥湾の海岸で、弓はずで石に、「日本の中央」と刻んだ石碑を残したのは、古代の常識だったのではなかろうか？　円筒式土器の初期の物は、単純で実用的なものが多いが、後期には形態や装飾も複雑になり文様も多種多様で縄文の至芸とまでいわれ、祭祀に使われ始めたと思われる。なお、円筒式土器は、最近の交流から日本海を挟み１７００キロの距離を超えて大陸の中国東北部遼寧省牛河梁付近の遺跡でも発掘され、三内丸山と共通した文化が存在していたことが判ってきている。

## （２）信仰の芽生え

多くの人が共通の道具を作り、分かち合い使用すれば精神的な繋がりが生じ、文化が生まれる。三内丸山遺跡と周辺の数ヶ所からしかまとまって出土していない物に黒曜石とヒスイがある。黒曜石は殆ど北海道の十勝産であり、ヒスイは北陸の糸魚川が産地である。このことから三内丸山には、独自の入手ルートか交易があったとしか考えられないし、遠くまで影響力を及ぼす力をもっていたことがうかがえる。そこで出土した遺物を通して縄文人の精神構造を推測してみたい。三内丸山のモニュメントともいえる大型掘立柱（巨大木柱遺構）が北側の端に建っており、これは４０００年前、三内丸山社会の末期に造られたものであるが、どのような目的のために建てられたか謎である。六つの直径２・０メートル、深さ２・７メートルの穴がサイコロの六の目と同じような配置に４・２メートル間隔で掘られ、クリの木の残骸が穴の底に残っている。この柱がどのような構造の建物であったかも幾つかの説がある。いずれにしても、収容能力は多くても５００人まで、成人男子は数十人程度と推測される三内丸山集落だけでは建設できないので、周辺の氏族全体の力を結集し、それを統率する指導者がいたことは確かであろう。このことから三内丸山氏族の連合体制が形成され、その統合のシンボルとして大型掘立柱の建物が建てられたと考えられる。さて遺跡の多くは墓制に係わるもので、子供と成人の墓域は別々に分けられ、住居とも離れて設けられた成人の土壙墓は、海から上る正面の通路を挟んで2列に向かい合うかたちで整然と配置されている。遺跡からは大量の石器、土器、土偶さらにヒスイやコハクなどの装飾品も出土している。土偶は殆ど女性像であり、乳房、腹部、陰部が強調され、妊婦である場合が多い。土偶が造られた理由も、玩具説、装飾品説、呪物説などさまざまに論じられているが、女性は豊暁の女神であり、女性が妊娠すると土偶を作り安産を願い、出産の苦しみの身代わりになってもらい、無事出産すると叩き割り、出産に失敗した場合は埋葬して、生まれ変わりや子宝に恵まれることを祈ったとも思われている。たたかいの無い、平和な自給自足の社会といわれている縄文社会人の根底にある願いは、肉親や血縁、集落の安全と子宝に恵まれる繁栄であり、また死者への祈りであろう。八甲田や岩木山、恐山の山並みに囲まれた穏やかな陸奥湾、夜は満点の星空の下で去来するものは、狩猟漁猟の営みや時には天変地異、病魔に倒れる肉親等人の儚さ、社会の移り変わりであろう。時には不変なものを求め、山野をめぐり山に登り、大木巨石等偉大な自然に触れ、これら自然界の偉大な事物を日常身近に求めた象徴的なものが、一段と天に近い大型掘立柱建物で、先祖や死者の慰霊、豊穣の祭礼等が行われていたのではなかっただろうか。

## 4　出羽三山

標高の高い月山（1980メートル）、熱湯が噴出している巨岩の湯殿山とこれらに連なる中腹羽黒山（412メートル）は、出羽三山とよばれ信仰の対象として親しまれてきているが、その由来、修験道等についてみたい。

### （1）自然界で暮らす縄文人

狩猟漁労で食べ物を得、山野に暮らす縄文人は、木の実、薬草等の恵み、動物、魚介等の自然の獲物にありつけなければ暮らしてゆけない。特に羽黒山は黒い樹林におおわれた丘陵山岳地帯で、一帯は絶えず新たな水が湧き、風や雲が起こり、動物や草樹の命が芽吹く生命の母胎ともいえる地域で、人々は地中深くから湧き出る熱湯が全体を覆いつくす湯殿山（1504メートル）の巨岩を女体とも女陰ともいい、いつごろからか、ご神体として崇めてきた。一方、頂上が天空に接し、風雨の天候を左右し、すべての水源はここから発する月山等の山々を原始人は、畏れ敬い聖なる領域として入山を慎み、めったに分け入ることがなかったが、生老病死の儚い人間を包む偉大な自然界に身を置き、人間の意志ではどうにもコントロールできない存在（神）を意識し始めると、自然の摂理（神の意志）に目を向け自然とともに生きる術を身に着けるべく積極的に山々に入っていくようになる。そしてどうにもならない死について、人は死後、その霊魂は生前に住んだ里を見守るようにしてそそり立つ山へ帰り、やがて祖霊となり、山神となって、里へさまざまな恩恵をもたらすと古代人は考えた。山伏の信仰、修験道は、古代から列島にあった自然のあらゆるものに精霊を感じる自然崇拝が原型で、そこに神道や仏教、陰陽道が影響をあたえて、いわゆる神仏習合といわれるなかで成立したが、山伏の先祖は、古代に「ホカヒビト」や「ヒジリ」と呼ばれ、彼らは列島を漂泊する旅人であったといわれる。彼らは、共同体から飛び出しあるいは排除されて、村々を渡り歩き、呪術を行い、神や精霊と人々をつないだ。羽黒山の始祖能除太子（蜂子皇子）も漂泊の呪術者といわれ、聖徳太子のいとこであり、暗殺を恐れて戦いのあった都を逃れ、海の彼方から羽黒山へ辿り着いたという伝説をもっている。彼は無知で「般若心経」を覚えることができず、「能除一切苦」の一説だけを覚えてそれを繰り返し唱えることで、人々を救ったといわれる。「悪面かぎりなく、身の色黒く、とても人間のようには見えない」という異様な人物として伝わっている。ちなみに「ホカヒビト」のホは、自然から、神や精霊の意志の現れを感じること、そして自然と人間社会に通路をつくりだし、ホから豊かさを引き出す行為がホカヒといわれる（能除太子伝説は、突厥から渡来した可汗達頭のいわゆる不幸な太子一族を彷彿させるものがある。）。

## （2）修験道

山へ籠り、山岳を跋渉する修行者が各地に現れるのは、奈良時代のころと思われるが、この山中へ深く入り、行を営む人々を山伏とも、修験者とも呼び、荒行により解脱し神の境地に達した人は、その異様な風貌や装束から畏敬の念をもって迎えられた。

### ア　行

古来、山地は女人の立ち入りは禁じられていたが（今は、出羽三山で女人禁制の地は金峰山を除き、ほかにはない）、独特の行、奥義については口伝によってその秘法が伝えられるのみで、今日に至るまで公開されたものは見当たらない。しかし垣間見るに、行は過酷な自然環境に身をさらし死地を潜り、最後は人間に再生する一連の活動で、白い死に装束をつけ笈を背負い、錫杖を手に呪文を唱えながら時には長期の飲食も絶ち山野を跋渉し、また宿（道場）に籠り修業する。

### イ　羽黒山の〈秋の峰入り〉修業

羽黒山では、春・夏・秋・冬、四季の峰と呼んで入峰修業が行われてきたが、その中でも秋の峰入りは、千数百年の歴史をもつといわれ、「諸国山伏出世の峰」とも言われてきた。それは東北地方をはじめ全国で羽黒修験の宝塔を受け継ぐ山伏として位階昇進の許しを受けられる最も重要な峰入り修業であったからである。この秋峰を修業することが山伏にとって何よりの誇りであり、江戸時代には15日間であったものが、明治以降には10日に、昭和24年以降には山中7日間に短縮されている。行は峰入り修業の指導者である大先達と導師役、閼伽（聖水の管理）、小木（山中の聖なる樹木の係）、駈（山中の道案内）の役付き四役者の指導で、二度以上の入峰経験者、初めての入峰修業者数十名で執り行われる。行の8日目「出生」という儀礼をもって、参加者は生まれ変わり（再生）、大先達から一人一人に「補任状」が手渡され、各人に院号が授与されるとともに、この時から紫紋白結袈裟の着用が許される。秋の峰入りは、また「ハヤマ籠り」ともいわれ、ハヤマ信仰に基づくものである。ハヤマ信仰では、人は死ぬと霊魂となって、しばらくは里に近い「端にある山」という意味の「ハヤマ」と呼ばれる低山（出羽三山では、羽黒山）にとどまり、子孫たちを見守り、33年ともいわれる長い時間を経て浄化され、奥深い山「ミヤマ」（月山）に登り、山の神になるといわれる。古代の人々は、生と死の混在する世界に祈りを捧げ、呪術を行い、心の豊かさ（信仰）を自分たちの世界にもたらそうとしたのだろう。

## （3）松例祭

羽黒山には、代々四季の峰と称して、修験者が山中に籠り、その霊力を養う年に四度の入峰修業が営まれ、松例祭はこの冬峰修業の結願の夜の行事として神仏分離を経て明治12年衣替えして復活したものである。松例祭は、手向部落にあった300余の妻帯修験のうちから選ばれた位上・先途とよばれる2人の聖者が、9月24日から、前半の50日は自宅の行場で、後半の50

日は羽黒山山上の斎館に籠り、斎戒沐浴して修業を重ね、験を修めて大晦日に大照明の点灯、火勢等その力を競い、位上が勝てば豊作が、先途が勝てば大漁が約束される豊穣・豊漁祈願の忌み籠りの修業である。この祭りは最後に「国分けの神事」で終わるが、2人の松聖には、それぞれ手向の古墓町・桜小路・下長屋町・亀井町の上四町の2名の若者が位上方に、鶴沢町・池中町・入江町・八日町の下四町の2名の若者が先途方に手助けする。この4人の山伏のうち3名は熊野を、1名は英彦山を代表するが、この「国分け」は熊野権現が、日本へ降り立ったとき、日本の66国のうち、東33ヶ国を羽黒領に、西24ヶ国は熊野領に、九州の9ヶ国を英彦山の領土に定めたという故事によっており、それをこうして毎年再現し、羽黒修験の優位を確認し、宣言するのが「国分け」の神事といわれている。

## 5　英彦山

英彦山は、北部九州の最高峰（1200メートル）であり、韓半島とは一衣帯水の間にある。英彦山の開山については、日本固有の発祥説、中国より伝来したという説、韓国伝来説があるが、「英彦山流記」（1213年）には、英彦山権現が、震丹国から来て、ただちに彦山に登ったところ、前から住んでいた地元の3人の神様は快く山を譲って山を下り、しばらく山の中腹に留まっていたが、他の山に移ったという記録がある。

## （1）檀君神話と英彦山

満州平原は、昔檀君神話のあった古朝鮮の地で、のちにここは扶余、高句麗、渤海という大きな国家が起こり、極東に少なからず影響を及ぼしたが、満州、朝鮮半島、日本列島には似たような神話が残っており共通の神話文化圏ともいえる。古朝鮮の歴史は、桓因、桓雄、檀君から始まり、この三人は祖父・父・子の間柄で、13世紀の「三国遺事」によれば、今（13世紀）から2000年前天神桓因の子が地に降りて桓雄になり、地神桓雄が熊女と結婚して人神檀君を生んだという創生ロマンである。一方、北九州の「鎮西彦山縁起」によれば、土着の狩猟人・藤原桓雄は、534年初めて英彦山の峰入行を行い、中国の魏から渡来した禅僧・善正法師の感化によって仏教に入門し修道した結果、得道に成功して、538年英彦山の三岳（北岳・中岳・南岳）に祠を立ててこれを開山した（神宮本社は中岳上宮）ことが伝えられている。後世英彦山は、山伏の修験道場として栄え、盛時（平安のころ）には３８００余の坊が建ち並び、多くの僧を擁して勢力をふるったといわれている。

## （2）英彦山の修験

日本の修験道霊山は、殆どその開山として役の小角を祀っているが、上記のごとく英彦山は桓雄の開山とし、その信仰は49箇所の窟とよばれる末寺が中心でその殆どが豊前の国全土にわたるという大規模なものであり、この豊の国が英彦山を中心とした最高の弥勒浄土（弥勒菩薩は釈迦の後継者とされ、釈迦の死後数十億年後に現世に出現し衆生を救済するという信仰）であるとされる。またその末寺（窟）にはすべて彦山権現、地主神、白山権現（権現は権［仮］の姿で現れることを意味し、在来の民族信仰の神は、仏が権［仮］に現れた姿とする）を祀っているといわれる、この弥勒信仰を地域に広めたのが、8世紀始め英彦山般若窟（玉屋神社）に20年近く籠り修業し、弥勒菩薩の化身ともいわれた法蓮で、のち養老5年（７２１年）法蓮の族が宇佐君姓を賜り、天然痘流行時法蓮医術を褒章し豊前40町歩が施入され、７３８年には宇佐宮弥勒寺を建立した法蓮その人である。なお宇佐連山に連なる国東半島には半島全体65ヶ寺の霊場があって「六郷山」という一寺に扱われている。

## （3）八幡信仰

八幡信仰は、宇佐の地が発祥であることは間違いないが、その歴史は極めて複雑でわからないことだらけである。しかし2～3の地元資料を中心に類推を試みる。

### ア　大神比義の伝承

弘仁12年（821）の官符によれば、欽明の時代に、大菩薩が馬城峯に現れ、大神比義は同29年より3年を祈り、29年に鷹居瀬社を建てた。また、平安末の「扶桑略記」・嘉永元年（1106）の「東大寺要録」には、欽明32年八幡神は、宇佐郡厩峯菱潟池之間に鍛冶翁あり、はなはだ奇異であるので大神比義が「若汝神か」と問うたとある。

### イ　辛島家の伝承

承和11年（844）の「宇佐八幡弥勒寺建立縁起」によれば、欽明の御代（欽明29年〈568〉）に「宇佐郡辛国宇豆高島」に八幡神が天降った。次いで大和に飛び、瀬戸内の海を渡り馬城峯に現れ、ついで宇佐郡荒城・酒井泉・高井に移り、ここで神の心が荒び5人行けば3人を殺し、10人行けば5人殺される奇端があり、鷹居社を創建し、のちに小椋社へ移るとある。

### ウ　竹葉上の小児出生（八幡神の初見）

「八幡宇佐宮御託宣集」正和2年（1313）によれば、欽明の御代、宇佐郡菱形池辺、小倉山の麓に鍛冶翁があり、一身八頭、5人行けば3人死に、10人行けば5人死す、大神比義が行くと、人はなく金色の鷹が樹上にある。比義は五穀を断ち、3年祈ると32年2月10日に、3歳の小児が竹の葉の上で次のように述べたという。

「辛国乃城始天降八流之幡、吾日本神成、一切衆生佐右任心、釈迦菩薩の化身、一切衆生度念天、神道現也　我はこれ誉田天皇広幡八幡麻呂也、前名八幡大神、護国霊験威力神通大自在菩薩」

**エ** 以上の伝承をみると、馬城峯の神を信仰するという共通点があり、一方「豊前国風土記」によると「或書に曰く、豊前国宇佐の郡。菱形山。広幡八幡の大神。郡家の東、馬城峯の頂に座す」とあることから、馬城峯（宇佐西方の標高647メートルの主峰大許山で、頂上に大元神社が鎮座し三つの大岩がある）が宇佐地方の原始的な信仰の対象であったと思われる。大神・辛島両家が初めて一つの神（鷹）を奉斎した鷹居瀬社とは、宇佐神宮の西北、駅館川の東岸にある鷹居神社のことで、この付近には律令時代宇佐駅があり、対岸低地の別府は「郡瀬」といわれ、宇佐郡家があったとみられる。またこの鷹居の地は、辛島を中心とする駅館川の西岸に勢力をもつ辛島氏と大許山の周辺に拠点をもった大神氏の勢力の接点に位置している。

**オ** 次に馬城峯に現れた神の性格についてみると、奈良時代ごろまでの宇佐神宮の神は〝八幡大神〟という固有名詞でよばれ、大神、辛島一族の祭神であったと思われる。

**カ** 大神についても不明なことが多いが、比義の伝承に大神比義は「仙翁」と呼ばれたとか、「壺中の天」で修業したなど道教の道士であったことがうかがえる。また、宇佐託宣集巻6聖武天皇天平21年（749）に「昔吾は震丹国の霊神であった」という八幡大神の真詰があることから、八幡神は震丹（中国）の道教との係りが強く、大神も中国からの渡来系かもしれない。ついでに八幡とは「八つの幡」で、道教経典によると、「幡は玉帝の戦旗で、神仙を招き、四海五岳の神々を呼び寄せ、指図する幡」とある。つぎに後世、応神を宇佐神宮の祭神として位置付け、託宣として伝承した経緯を、応神＝符洛説からみる。秦の幽州刺史、英傑符洛は、376年10万の兵をもって北魏を攻めこれを壊滅させたが、符洛が権力をもつことを恐れて恩賞を与えなかった叔父符堅に対してクーデターを企て失敗、百済に亡命中、386年符堅が東晋に敗れた好機に列島制覇に向け走り出し、北九州に上陸、神功勢力とともに応神朝を成立した説がある。八幡神は、昔震丹国の霊神（符洛を意味する）であったこと、神の最初の上陸は宇佐郡辛国宇豆高島であったこと、大和～瀬戸内を回り、再び馬城峯に現れた姿は奇異（鍛冶翁）であったこと、3年祈り竹葉上に現れた3歳の小児は、筋骨隆々鎧をつけていたこと等符洛の姿、行動を彷彿させるものがある。

**キ**　辛島については、家伝や辛嶋系図等から、資料は比較的豊富であるが、「辛島勝家主解状」に、家主の祖、辛島勝乙目がヒシカタ（宇佐郡乙咩神社）に渡来してきた大御神のもとに参向して、長跪してその命を待って、その託宣を得たとあるように、八幡神に奉仕する女性シャーマンの家系であり大神とともに永く八幡神の祭祀に携わってきている。しかしその性格は、遠く新羅から大隅（鹿児島）を経て、辛島郷に土着した土豪で、大神との関係、渡来の時期等は不明であり、その仕える神が、駅館川西岸の数百メートルから数キロの地で荒城・酒井泉・鷹居と居を変え、川を渡り東岸に進出するのに、5人行けば3人、10人行けば5人殺される等苦労し、漸く対岸に鷹居社を創建し、のちに小椋社に移り安住の地に落ち着いている。

**ク**　この地の神については複雑になるが、今一つ触れなければならないのに北辰信仰がある。宇佐神宮の中央本殿に祀られている比売大神には、脇殿として北辰神社がある。脇神については、古代人は集落ごとに自分たちの神・祖神なり土地神をもっており、新しい部族（神）が、来ると合併なり習合したりして相応の処遇をした。この際現祭神との力関係で、相殿にするか客殿、随神、門神等にする。北辰については、古来中国では、北極星を神格化した道教で宇宙の最高神とされ、BC2世紀秦の始皇帝の命を受けた高官の徐福が不老長寿の仙薬を求め東海に船出し、日本各地にも徐福伝説がある。道教の方士でもあった徐福が、上陸した各地に北辰信仰を残したことが考えられる。

# 6　六郷満山

大分県の北東部、瀬戸内海に丸く突き出た半島が国東半島で、中央に標高721メートルの両子山が聳え、大元山、妙見山、和尚山、八面山の山並みを連ね英彦山に通じている。この地も仏教伝来以前から、古い信仰の発生を窺わせる聖地で修験の道場でもあったが、仏教伝来後、多くの霊場（寺）が一つの山として扱われ、満山として崇められている。

## （1）磨崖仏

磨崖仏は、そそり立つ岸壁や竈状に彫った内側の自然の岸壁や露岩に造立された仏像で、我が国の8割は大分県に集中し、国東半島には特に多く30数箇所ある。彫られたのは、奈良から平安時代とされているが、ほとんどの場合作者は誰なのか判っていない。場所は、川に面した垂直に立つ巨岩や急な石段を登った先に現れる絶壁で、作者は信仰心の篤い民間人や、断崖絶壁で修業を積んだ山岳修験者と思われる。これらの人々は、古来この地で、巨岩を尊び、山に畏れを抱き、大樹に注連縄を張って素朴な自然崇拝の信仰に生きてきた。そこに正史には538年（552年ともいわれる）百済から仏像が朝廷に送られてきたのが、仏教伝来とされるが、半島に近い北部九州のこの地にはもっと早くから大陸や朝鮮半島からの人々が渡来し、非公式なルートで素朴な仏教が入り、修験道や山岳信仰といった既に日本に存在していた神道的な信仰と自然に一体化したと思われ、磨崖仏は仏が神の姿をしてこの世に現れたものといわれている。

## (2) 民間信仰

近畿の大和王家では、古来八百万の神を中心とする国家神道を物部氏が司り祭祀を行っていたが、仏教を受容する曽我氏がこれを破り、神と仏の抗争が生起した。仏教は国家管理を強め、戒壇で受戒して資格を取った官僧が国政の一部をにぎり盛強を極めた。国東半島では、受戒した正規の官僧ではなく私度僧、修験者、行者など、半僧半俗の人々が田を耕しつつ自分の信仰を守り、寺や道場を建て修業していた。国東半島には古くから「六郷満山」という言葉があるが、六郷とは来縄・田染・安岐・武蔵・国東・伊美の六つの村で、山というのは寺を意味する。伝承によると、この六郷満山を開いたのは仁聞菩薩といわれ、宇佐神宮の仏教の修業の場として次々に建立されて、全盛期の12世紀はじめには、すでに60ヶ寺があり、全体では600人近い僧侶が住んでいたという。後年江戸時代になると、幕府の身分制度や宗教政策のなかで、農業をしながら僧侶をするということが許されなくなり、半農半僧だった人々は農民か僧侶のどちらか選ぶように迫られ、村全体が生きてゆくため大半の人々は僧の道を捨て、農民になる道を選ばざるをえなかった。こうして六郷満山の60数ヶ寺の多くは、このころ廃寺になってしまったが、国宝阿弥陀堂を有する富貴寺はかろうじて生き残り、優雅な堂宇をいまに伝え、昔の六郷満山の隆盛の歴史を物語っている。

# 7　仏陀信仰

仏陀とは、本来悟った人あるいは覚者を意味し、法に達して悟りを得た人一般を指す名称であるが、この意味において、古来山伏、巫女、行者、聖人、偉人、現代のトップ管理者等あまた存在する。その中で、BC5世紀インドで修養して覚者といわれる釈尊（釈迦牟尼）の教法を仏教といい、我が国では6世紀に伝来してから一大信仰となり、社会の大きなうねりとなって関心を集めてきた。

## （1）仏教の受容

6世紀ごろの我が国の信仰は、民間の道教的な教義と山岳信仰を基盤にした自然崇拝信仰が主で、近畿王家を構成する有力部族も物部を中心に古代の国家神道的な信仰が主流であった。

6世紀はじめ頃百済から仏像・経論がもたらされ曽我がこれを受け入れ、国神（我が国古来の神）と蕃神（外国の神）のたたかいとなり、いわゆる聖徳太子の活躍により曽我が勝ち、物部は滅びた。この宗教戦争は、太子＝達頭（突厥の可汗）説「Ⅳ章10（2）信仰」からみれば、完璧な武力戦であり、仏教が神道を破り日本国家の方向を決める大きな端緒であったといえる。

## （2）奈良の国家鎮護仏教

物部を退けるや、仏教は諸豪族の間に着々と支持者を増やし、王家の仏教興隆策により、その公的な地歩を固めていった。国分寺の制度も整い、中央では、三論・法相・成実・倶舎・律・華厳のいわゆる南都六宗が成立した。しかしこれら六宗は、学問的色彩が濃く、寺は学問所であり、六宗兼学の語があるように一人の僧が二宗以上を兼ね学ぶことや、一寺が諸宗を兼ねることも普通であった。また国家が仏教の力によってその安泰を図ったことから、鎮護国家の仏教と言われ、庶民救済の仏教とはいえない。この時代の宗教は、新たに平定した地方の祟りを鎮め、中央の文化や体制あるいは精神的なものを広げてゆくための祈祷も盛んに行われ、仏教は国家政治との結びつきを強くしていった。

## （3）平安仏教

平安時代の仏教は、官営の仏教政策から次第に天台・真言の二宗が中心となり、信仰の対象としての仏教という性格を強く打ち出し山林仏教の形をとるようになった。天台宗は円・禅・戒・蜜の四宗兼学により、真言宗はもっぱら真言密教によって鎮護国家の実践に努めた。一方貴族たちは、朝廷にならって造寺・造塔を心懸け、祈祷や法会を盛んに行い、その権勢を誇示した。また、貴族出身の出家者も多く、貴族の造った寺は彼らを収容する場所ともなり、反面仏教と貴族との結びつきが深まると、僧位・僧官は世俗の権威と結びつき、寺は貴族から寄進を受けた土地を守るための僧兵を置くようにもなり、さまざまな弊害のもとともなった。

# 8　比叡山

比叡山は、京都、滋賀にまたがる標高800メートル前後の馬の背の山岳地帯で、十数の谷が東西に分かれ下り、古来身近な山岳霊場として行者の修業の場であった。仏教の伝来により、土着の山岳信仰は、仏教とともに変容・共存し存続するが、仏教は高度の学問として中央政界の利用するところとなり、権門の一角として繁栄し、一方心ある高僧の出現により、民間の間では次第に本来の信仰の姿を取り戻していった。

## (1) 最澄の入山

幼いころから優秀だった最澄は、12歳で近江国分寺の選抜試験に合格し、3年後には出家し得度する。さらに19歳で東大寺の戒壇院で具足戒を授かっている。このことは当時の仏教界ではエリート中のエリートを意味し、将来の出世栄達が約束されたも同然だった。ところが最澄は、どういうわけか、突然約束された地位を放棄して出世の道に決然と反旗を翻し、当時は山岳修業の荒法師が集まるような荒涼としていた比叡山に入った。入山した最澄は、今の根本中堂がある場所に、ごく質素な草庵をつくり、ひたすら山林修業にはげんだ。このうわさは、奈良にも伝わり、朝廷の要人や桓武天皇の知るところとなり、やがて高僧達を相手に講義を行うようになり、最澄の名はたちまち日本中になり響いた。彼はその後、朝廷の命で唐へ渡り、天台大師智顗の教学のほか大乗菩薩戒と密教についても学び帰朝する。桓武天皇は、喜んで最澄を迎え、天台宗の独立を勅許したので、延暦25年（806）最澄を宗祖とする日本の天台宗は南都六宗と並ぶ国家公認の宗派となり、比叡山には次第に伽藍が整っていく。後世比叡山を下ってから、法然は浄土宗を、親鸞は浄土真宗を、栄西は臨済宗を、道元は曹洞宗を、そして日蓮は日蓮宗をそれぞれ開き広く民衆の間に仏教を広めていったが、その母体となったのが比叡山の山岳修業であったといえる。

## （2）千日回峰行

回峰とは聖域を巡って詣でることで、比叡山では現在百日と千日の回峰行が行われている。最初は、山上山下を一日約30キロメートル回峰するが、７００日が終了したところで、行者は「堂入り」という9日間にわたる断食・断水・不眠・不臥という命がけの荒行に突入する。「堂入り」は明王堂に9日間参籠し、断食断水で食欲を否定し、不眠不臥で睡眠欲を否定し、人としての存在を否定することにより仏と一体になることを目的とする。無事に堂入りをやり遂げると行を満了した者であるという称号がはじめて行者に与えられる。回峰行は、修験者、山伏の行う山岳修業や自然との一体化、死の体験等目的、目指すところは、まったく同じ性格のものであるが、千日回峰行の荒行の厳しさ、肉体の死を厭わない修行は、永い伝統からくる戒律のしからしめるところであろうと思われる。

# 9　高野山

高野山は、空海が道場を開くはるか以前から、山岳信仰の聖地としてあるいは祖霊が宿る霊山として、人々にあがめられ、庶民信仰の場であった。そして空海は、これらの在地の民間信仰を大事にして、地元の人と融和したため比叡山と違い、高野山は民間霊場としても大きく発展した。

## （1）空海の入山

唐から帰国した空海は、密教の根本道場を建立する場所を探していたが、弘仁7年（816）嵯峨天皇に高野山の下賜を願い出て、許可され、弘仁10年から造営をはじめている。その際、古代から狩人や山人達に信仰され、この山に祀られていた狩場明神と丹生明神を在地の地主神として敬い、金剛峯寺の鎮守とした。金剛峯寺は、高野山真言宗の総本山で、東西5キロメートル、南北2キロメートルほどの盆地にあり、周りを8つの峰々に囲まれた標高800メートル近い高地である。山内には堂塔伽藍だけでなく役場や一般の商店、学校やその他の施設まであり、ごく普通の町としての機能をそなえて一般の人々もここで生活している。この町のなかには金剛峯寺の諸堂のほか、120あまりの堂塔伽藍が立ち並び、空海はこの高野山上に、密教における「曼荼羅世界」をきずきあげようという壮大な構想を抱いていたようである。一方、空海は宗教の世界だけではなく、香川県に満濃池と呼ばれる大きなため池を作り、書画や漢詩、外国語も堪能で、手芸種智院という学校も建てているように俗世間との関わりも深かった。このように処世術に優れ、庶民信仰としての大師信仰を広め、四国八十八箇所を巡拝する遍路は今も庶民に人気がある。

## (2) 空海の信仰

空海は一筋に仏道を極めようとする宗教家からみれば、あまりにも多才多芸で、当時の知識人や宗教人は一種の戸惑いを覚えたに違いない。また空海自身も、俗世間のなかの人間空海

（朝廷から賜った京都の東寺）と孤高に生きる求道者空海（高野山という山中の寺僧）という二つの人間像が混在し、62年の生涯を終えたことが考えられる。これはいつの世にも多くの優れた宗教家がもつジレンマであり、国家政治の方向に向かう宗教と、庶民救済を目的とする信仰仏教との分かれ道でもあろう。

## （3）日本の総菩提寺

古くからある高野山の信仰の一つに、山岳信仰によくある「山中他界の信仰」がある。これは、山は先祖の魂が集合する場だという考え方で、山は死者が行く世界であり、尊い場所とされ、すでに平安後期ごろから、高野山に納骨した記録が残っており、鎌倉時代になると、全国各地から人々が納骨に来ていたようだ。参道の両側には、戦国武将や大名の墓所も目立ち、戦後は、第2次世界大戦の戦没者の英霊納骨所、近畿未亡人団体協議会や大企業の名前もあり、宗派を超えて20万基余りといわれる沢山の人々の墓があり日本の総菩提寺といわれるゆえんである。

# 10　鎌倉五山

鎌倉末期、執権北条貞時のころ、インドから中国を経て、五寺を五山とよぶ禅宗の信仰が伝わり、鎌倉の建長寺・円覚寺・寿福寺・浄智寺・浄妙寺の諸寺に五山の称号が与えられ禅宗が広まった。禅宗はさらに室町幕府とともに京都にも広まり、幕府と貴族は禅を通じ密接な関係となったが、次第に貴族化し、禅本来の修業面は忘れられ、五山の僧たちは政治や外交の顧問として重要な役割を果たすようになった。

## (1) 建長寺

建長寺は鎌倉五山第一位に列した臨済宗建長寺派の大本山であり、建長5年（1253）、鎌倉幕府第5代執権北条時頼が、中国（当時の宋）から来日していた蘭渓道隆という僧を鎌倉に招き、道隆を開山に日本最初の禅宗専門道場を開いた寺である。道隆は、中国西蜀（四川省）に生まれ、13歳の時出家し、修業のために諸国を巡回し、禅の修行をつづけて悟りを開いたが、南宋の日本人留学僧、京都泉涌寺の月翁智鏡と会って日本へ行く決心をし、寛元4年（1246）弟子等と商船に乗って、博多に到着したのは、33歳だった。博多から京都に入った道隆は、月翁をたよって泉涌寺に身を寄せたが、月翁のすすめもあって、やがて鎌倉に向かう。当時の京都には建仁寺や東福寺などの禅寺はあったが、いずれも密教を兼ねており、保守的な仏教勢力との共存をはかっていたためか、禅をあまり表に出していなかったので、道隆が理想とする純粋に禅だけを信仰する純粋禅は受け入れられにくかったのかもしれない。一方、鎌倉では、すでに栄西によって臨済宗が紹介されてはいたが、広まってはおらず、時頼が初めて接見した禅僧は、栄西の弟子道元だったようである。時頼は、寺院をつくって道元を開山に迎えようとしたが、権勢に近づくのを好まない道元は、辞退し越州の永平寺に戻った。失意にあった時頼にふたたび希望を抱かせたのが、このころ会った道隆である。以後、鎌倉は禅流行の中心となっていき、時頼自身も次第に禅への信仰を深め、折に触れて道隆の教えを受けるようになる。建長寺創建から3年後、時頼は最明寺で出家し、「覚了房道崇」という法名を授けられ、執権職も譲ったが、最明寺入道として、出家後も実権は握りつづけた。時頼は、この7

年後37歳の若さで他界するが、その前年鎌倉で教化していた奈良西大寺の叡尊を夕刻突然訪ね、政治家としての自分の心境を次のように明かしている。「おのれは、今まで我欲や名利のためには何回となく命をはってきたが、仏法のためにはまだ捨て身の心をおこしていなかった。今夕こそ、それを恥じと感じたことはない。だから、ひとりで遠出するという身の危険もかえりみず、こうして参じた次第である。思えば自分はあやまって征夷の権をとってしまったため、いつも兢々の思いに襲われ、薄氷を踏む心地で生きているのです」という時頼の正直な言葉に叡尊は胸を打たれる。名実ともに権力をにぎり「養民の心は山の固きが如し」と道隆に讃えられた時頼も、心の奥ではつねに思い悩み、動揺し、何かにすがりたい心境だったのかもしれない。臨済宗の禅は、ひとりあるいは少人数の雲水（禅の修行僧）を管長が自ら指導し、殆ど眠らない、眠ってもせいぜい3時間という厳しい修業を何年も続けるといわれ、個人個人で禅を修業し、必ずしも出家を求めるのでなく、ただ、座禅をすすめ、あるいは、ありのままの生活のなかで、禅がおこなわれるように説かれる。鎌倉武士が禅を受け入れたのは、このように禅が自らの努力にかかっており、他者に依存せずに自分の力で精神の安定を確定するという武士の気性に合ったからに違いない。

## （2） 円覚寺

昭和2年（1927）円覚寺の寺域に北鎌倉駅が開通したが、線路が開通する以前は、線路をはさんで向かい合わせになっている東慶寺のほうまで寺領が続いていた。円覚寺は正式名称を「瑞鹿山円覚興聖禅寺」といい、鎌倉五山の第2位であり、臨済宗円覚寺派の大本山である。開基は鎌倉幕府8代執権北条時宗で、建長寺を建立した時頼の息子である。父時頼が帰依した道隆が没すると、時宗は中国・宋から新たに、高僧の誉れ高い無学祖元という僧を迎えて円覚寺を建立した。時宗は、この寺を建立するときにいくつかの願いを抱いていたが、ひとつはほかの権力者と同じように鎮護国家を願い、国家の安泰を祈願した。また戦没者の鎮魂の祈りもこめて「円覚を造りて、以て幽鬼を済う」という時宗の言葉が残っているように、2度に及ぶ蒙古襲来の際、戦死したり、溺死した数万の兵士を敵味方関係なく、魂の救済を祈願して祀った。祖元は、中国明州（今の浙江省）に生まれ、時宗に招かれ鎌倉にやってきたとき、祖元54歳、時宗29歳であった。祖元はそれまでにも、宋で学ぶ多くの日本の修業僧と接触し、日本に憧れと興味を抱いており、また時頼が座禅をしたまま他界したという話を耳にして、日本という国に禅宗をひろめたいと思っていたようだ。弘安4年（1281）の夏の元寇の知らせを受けた時宗が、祖元のもとへ行き「生涯の一大事、元が攻めて参りました」と報告したとき、祖元がどのようにしてその大事に立ち向かうのかと尋ねると、時宗は日ごろの教えに報いる時がやってきたことを悟って、「喝」と一声叫んだという。それはあたかも、戦場で異国の敵を一刀両断にするかのような気合だったといわれ、これを見て道元は満足し、「真の獅子児なり。能く獅子吼す」といって、時宗をほめたたえたという。こうして生涯の一大事を切り抜けた時宗は、翌年敵味方の戦死者の霊を弔うために寺院を建立し祖元を開山とした。円覚寺である。それからわずか2年後に時宗が逝き、さらに2年後、後を追うように祖元も日本で他界したが、禅が鎌倉および京都の地に樹立され、武人階級の間に道徳的精神的影響を及ぼしていったのは、時宗の奨励によるものであり、ひいては日本人の生活の中に深く浸潤し、さらに進んで、禅が日本文化の形成に大いに寄与し、日本人の性格をも形成していったのは、実に祖元と時宗の二人によったといえる。

## （3）戦国武将たちの禅

戦国時代、様々な宗派がありながら戦国大名へ転身していった武将たちは、禅宗とりわけ臨済宗系の信者が多い。また、名だたる戦国武将の生い立ちをみると、子供の頃、禅寺特に臨済宗の寺に預けられて育ったというケースがかなり見られ、後に名を馳せる武将たちは、わが子の養育を禅僧に託していたといっても過言でない。では、戦国武将たちは、禅に何を求めていたのだろうか。大きな目的の一つは、禅僧との問答によって武士としての行儀とか分別というか精神を鍛え（精神的な徳の涵養）、人の上に立つための礼儀作法から日常生活の規律といったものまで含めこれらを身につけるためと思われる。また、武将たちのブレーンに禅僧が多く「武将の陰に禅僧あり」と言われるが、中には家康のブレーンとして知られる天海のような天台宗や真言宗もいるにはいるが圧倒的に禅僧が多い。ちなみに家康は、9歳から14歳のころの頭も一番柔軟な時期、今川の人質として臨済寺でこの時代を代表する高僧雪斎から「六韜」「三略」等の兵書を学んだ形跡がうかがえ、武将としての素養育成に役立ったと思われる。

## （4）東福寺

東福寺は、京都市の南部東山区にあり、臨済宗東福寺派の大本山で、創建は鎌倉時代の嘉禎

2年（1236）にさかのぼる。名前の由来は、奈良の巨刹東大寺と興福寺にあやかりつけられたもので、両寺に劣らない規模が大きい寺で、いまなお京都最大の寺といわれている。

### ア　為政者の帰依

もともと東福寺の地には、平安時代中期に左大臣藤原忠平が法性寺を建立し、藤原家の氏寺として栄えていたが、鎌倉幕府4代将軍藤原（九条）頼経の父九条道家（摂政・関白）が法性寺境内に仏殿を建立したのが嘉禎2年だった。道家は仏殿の開山として名僧を探していたとき、中国から帰朝した臨済宗の円爾弁円を知り、禅の教えを受けて心酔し、早速東福寺の開山として円爾を迎え、その後道家の一族はことごとく円爾に帰依するようになった。東福寺は、最初円爾の宗風が顕教・密教・禅を兼ねる独特のものだったことから、天台・真言・禅の三宗兼学の道場としてはじまったが、その後禅宗のみの寺になり、その法灯は円爾の弟子たちによって受け継がれ、藤原一門の庇護を受けて栄え室町時代にはその頂点に達する。しかしその後、14世紀前半に東福寺は3度の火災で焼け、さらに応仁の乱で多くの伽藍を失い、寺宝や仏像が盗まれたり壊されるなどの被害にあい、僧たちも寺を離れていった。近世になって、秀吉や北政所ねねの援助をえて次第に復興し、徳川家光が諸堂を修復し、一方皇室との関係も深め、江戸時代東福寺は、京都最大の禅宗寺院として復興を遂げることができた。

## イ 禅の修行

一般に禅というと、俗世間から離れ、禅寺で厳しい修業をつんで、清貧のなかに自分の精神世界を求めてゆく活動で、修業の場所こそ違え、山伏・修験者が、厳しい山岳、自然環境の中で修業をつみ、自己を高めてゆく行動となんら変わるところはない。そしてこの修業は、短時間で身につくものではなく、一生かけて継続してはじめて報いられるもので、雲水たちはひたすら禅堂で座禅を組むとともに、ここ東福寺では、用を足すのも、入浴するのも食事をするのも生活のすべてが修業で、きびしい作法が定められているといわれる。最近禅に関心をもつ人が増え、禅寺も休日の朝を開放し座禅会を開いて、一般の人に便宜をはかったりしているが、ある禅師の言葉に、禅とはつまるところ呼吸だといい、呼吸は人間の生命の営みの根源であり、これを意識化するため坐ってする方法が座禅であるが、古くは寝てする「臥禅」とも言われ、また立って行う禅（立禅）や歩いてする禅もあり、生きていることすべてが禅ともいえる。若いとき軍事の研鑽書に野外令を紹介され、その冒頭に「常在戦場」の記述があり、「常住坐臥」とも一脈通ずるところであろう。また円爾の教えに「一時座禅すれば、一時の仏なり。一日座禅すれば、一日の仏なり。一生座禅すれば、一生の仏なり。」と記されていると聞く。

## （5）武士道

武家は清盛の平氏がはじめで、武士は鎌倉幕府の御家人がはじまりとみられるが、古来武器を手に生命を賭して死地に臨む者たちは、何のために生き、いかに生きるかを問い続けてきた。そのため愛国心、忠誠心、孝心等の神道の教えをとりいれ、「運命に対する信頼と服従」等仏教の教えも加わり武士道の源が形成された。鎌倉時代になると、禅がとりいれられ武士に要求される最も厳しい規範である「義」や「武」の修業が盛んになった。以後700年武士の時代が続き、次第に武士は社会の上に立つものとして「智」や「仁」が加わり、徳川の世では士農工商の身分が定着し、武士道の徳目は武士以外の一般の人々も受け入れ、日本人の生きるための道標となって社会に定着し、日本人といえば武士道と世界で注目されるようにまでなった。

# 11　山寺

山寺は、山形の北東標高400メートルの山岳寺院で、古くはここに修験道が栄え、山人たちが数多く活躍していた霊場である。日本人の他界信仰では「死んだらお山へ行く」といい、高野山などでも「骨のぼり」といって亡くなった人のお骨を高野山山上に納める風習があるが、山寺でも聖たちが勧進をして、歯など遺骨の一部を預かり洞穴の中に納める習慣があり、登山道脇のいたるところにあいている自然の穴が死者にとってあの世の憩いの場所になっていたと思われる。

## （1）東北のお大師さん（円仁）

慈覚大師円仁は、延暦寺の第3世座主で、最澄のあとを受けついで天台宗を大きく発展させた人物である。しかし円仁の弟子たちは、第5世座主円珍の弟子たちと争うようになり、円珍派は三井寺に移り、延暦寺と三井寺は長い抗争の歴史を展開する。円仁は、その後中央からみちのくの地へ行脚し百数十もの寺を弟子たちと建てたといわれ、山寺は勿論中尊寺や毛越寺、松島の瑞巌寺等東北地方の古刹のほとんどが開基は円仁とされ、また多くの東北人から「うちは円仁さんゆかりの寺だ」といわれている。当時、坂上田村麻呂が蝦夷を討って半世紀足らず、多くの死者の霊を弔い民心を安定させる最良の手段として円仁の仏教が受け入れられ、円仁は東北のお大師さんと今も慕われている。

## (2) 不滅の法灯

不滅の法灯は、最澄が比叡山に最初に小さなお堂を建てた際、みずから灯したものといわれ、天台宗にとってはまさに信仰のシンボルであるが、約1200年前に円仁がこの山寺を創建したとき、根本中堂内陣に比叡山延暦寺から分火された灯りを灯したといわれる。その後延暦寺が信長によって焼き討ちされた時には、逆に山寺のほうから法灯を比叡山へ運んだことから、山寺は「東北の比叡山」ともいわれている。

# 12　蓮如と信長

仏教は、伝来以来その先進文化と技術をもって国家体制の有力な一翼を担い、15～16世紀ごろには国家の政治を左右していたのは天皇家、藤原氏、有力寺社、武士の棟梁などの権門勢力であり、この頂点に祀りあげられていたのが国王（天皇もしくは法王）で、この国王には強力な王権は奪われているかわりに「独特の宗教的性格」が付与され民衆、僧侶や武士も王権に対抗できる権力はもってはいなかったといわれる。

## （1）民衆の信仰

本来信仰は、民衆個々人が生きてゆくための拠り所とすべき想いで、山の信仰と一般人の信仰の間にたって媒介しながらこれを深めるために働いてきた人がいわゆる行者や山伏といわれる人々であるが、仏教伝来後は、先進文化や技術を身につけた僧侶が、鎮護国家の官僧として、これにあたった。しかし心ある僧侶は、官僧の地位に満足できず約束された出世の道を放擲し、比叡や高野に籠り、真に民衆の救済を念じ、修業し得心して山を下り、民衆の中に入り釈迦の教えをひろめた。親鸞や空海たちは私度僧と言われる高僧であり、その跡を継ぎ民衆（信徒）を結集し、俗権力も利用しながら既存権門に立ち向かい本願寺教団を発展させたのが蓮如一族である。

## （2）石山本願寺

蓮如は、43歳で本願寺第8世を継いだが、51歳の時本願寺を破壊されて近江に逃れ、さらに近江の各地を転々としながら1471年北陸の吉崎に進出し、吉崎御坊と言われる宗教都市を築く。このころは荘園制度が大きく揺らぎ始めた時期で、当時の世相は、戦乱、飢餓、暴動、疫病などが頻発し、下克上という下層民たちの反乱があり、全国津々浦々でそれまで賤民として蔑視されていた商人や職人、馬借・車借といった非定住民たちが、大きな経済力と武力を伴う実力を備えるようになった。彼らはゲリラ的な武力である地侍と結びついて新しいエネルギーをわきたたせ、時代をひっくり返そうとし始め、真宗はそうした人々の精神的な支えとなっていった。蓮如が最初に築いた城郭都市吉崎御坊は、三方を北潟湖に囲まれた台地上の天然の要害で、寺の敷地の中に町が組み込まれた寺内町である。寺内町は、最初に御坊の本堂、僧堂、庫裏、書院、鐘楼、門などができ、さらに門弟たちの坊舎が軒をつらねる。その寺や施設を造る大工や庭師、石工さらに鍛冶屋、研ぎ師また仏画師、表具師、これらを目当てに商人や職人交通業者などが次々に集まり御坊の周りに商店や家々が立ち並び、吉崎は大繁栄をする。しかしこのことは、在来の宗教教団との摩擦、周囲の武士たちや守護や守護代との合戦を憂え、蓮如は１４７５年突然吉崎を去り、京都の山科に移って山科本願寺を建立し、またそこを息子の実如（本願寺第９世）に譲ると、大阪に石山御坊を築く。本願寺教団は、蓮如の時代に末寺・門徒の飛躍的増加を得てその組織化を果たし、加賀において一向一揆を基盤とした本願寺領国が形成され本願寺自身も守護大名の一角に伍し、蓮如は石山に移ってその３年後１４９９年85歳で亡くなる。のち実如を経て証如（本願寺10世）が京都山科より本坊を移したのちには、「法王国」を顕現し、顕如の代には巨大な富と武力を擁する大大名にのし上がると、富強を極めた法主は公家にも列し、のち石山本願寺と信長との間で10年にも及ぶ合戦が繰り広げられることになる。

## （3）信長の信仰

織田信長は、元亀2年（1571）に比叡山延暦寺を焼き討ちし、また10余年も石山本願寺と戦って、何万人もの一向宗門徒を殺し、「仏敵信長」といわれ仏教を敵としたことでも知られる。そうした信長の仏教嫌いは、ルイス・フロイスの「日本史」にある次のような描写によって広く人口に膾炙する結果になっている。……彼は、善き理性と明晰な判断力を有し、神および仏の一切の礼拝、尊崇ならびに、あらゆる異教的卜占や迷信的慣習の軽侮者であった。形だけは当初法華経に属しているような態度を示したが、顕位について後は尊大にすべての偶像を見下げ、若干の点、禅宗の見解に従い、霊魂の不滅、来性の賞罰などはないと見なした……。つまり信長の人物像は「神や仏も信じない、占いや呪いも信じない人物」といえる。

### ア　天下布武

信長は、永禄10年（1567）8月に稲葉山を奪い、そこを岐阜として美濃支配に乗り出したが、その11月から「天下布武」の印文を使い始める。これは「武力で天下を取ってやろう」

という、信長の武断政治的合戦優先の生き方宣言として受け取られているが、この武は武力ではなく、武家を意味し、「武家が天下の権を握る」の意味ともいわれる。中世は、公家と武家と寺家という三つの権門がお互い補完しあいながら社会を構成していたととらえ、そこを公家・寺家という二つの権門を排し、武家だけが天下の権を握る形をめざしたからである。

## イ　比叡山延暦寺の焼き討ち

元亀元年（1570）信長が、坂本の浅井・朝倉軍を攻めたとき、浅井・朝倉軍は比叡山に立て籠り、延暦寺がこれに味方した。この時信長は、延暦寺に対して信長に協力すれば、かって没収した山門領はことごとく安堵するが、万一拒否したならば、全山を焼き払うであろうと威嚇した。反信長勢力の一環である延暦寺は、当然信長の申し出を拒絶し、このことが翌元亀2年9月12日に決行された延暦寺焼き討ちの原因である。信長は、比叡山攻撃にあたり、「天下政道の護持を妨ぐるもの、兇徒（浅井・朝倉）を助くるは国賊なり、此度亡ぼさずんば、又天下の殃たるべし」と焼き討ちの根拠を述べている。信長軍の攻撃で延暦寺は根本中堂をはじめ、山王21社、講堂諸庵・経蔵・鐘楼に至るまで、一宇も余さず焼き尽くされ、僧侶・衆徒はもとより、山内にいた俗人の老若男女、稚児に至るまで3千人がことごとく殺戮されたといわれている。このときの衝撃で、天台宗比叡山の伝統的権威は地に落ち、以後昔日の姿に回復されることはなかった。

### ウ　石山合戦

石山は、本願寺を中心とする寺内町で、石山寺内は、北・南・西町などの6町と別に桧物屋町・青屋町・造作町・横町などの職人区域から成っており、本願寺自体は要害堅固で難攻不落の城砦となっていた。またこの石山を取り巻く富田・久宝寺・枚方・八尾・富田林などの畿内真宗寺内町のすべてが、「寺内権」で支えられ、宗教的紐帯で補強され、本願寺教団の基盤となっていた。このため信長の畿内統一には、地域に強力な根を張るすべての真宗寺内町の解体が必須の条件であり、本願寺もその繁栄を存続させるには信長の圧力をはね返して、それと対抗する以外に道はなかった。本願寺の抵抗は、戦乱の中で苦しむ民衆に対し死こそ救いと説き、「進めば極楽往生、退けば無限地獄」と死をも恐れず戦わせた蓮如以来の作戦と難攻不落の城砦を攻略する不利を認める信長は、抵抗する顕如とかりそめの和睦を3回繰り返した。天正8年閏3月5日、有名無実の幕府、有力戦国大名の死去、離反、一揆内部の分裂、畿内寺内町門徒の造反、商人門徒らの寝返り等による本願寺の動揺をみた信長は戦局収拾の好機と判断し、朝廷を動かし和議のための勅使を奏し、11年にわたった石山合戦は幕を閉じた。全く戦意を失ってしまった顕如は、天正8年（1580）4月9日、親鸞影像などの寺宝を奉じて紀州鷺森に退去したが、嗣子教如は、雑賀・淡路の急進派門徒らと図って、抵抗戦線を形成したので、ついに父子の義絶となり、顕如は弟の准如を嗣に定め、これが後の東・西本願寺の分立の端緒となる。蓮如が石山本願寺を築いて100年真宗が民衆の救いであることを忘れ、文字どおり100年一日のごとく、開山への御恩報謝と、後生菩提にだけ頼ることによって、民衆（一揆衆）との共存を望んだ本願寺法王は、貴族化し、俗権の最高位に登りつめたが、民衆の心の機微にふれることはできず、民衆（門徒）と袂を分かつことになった。やがて本願寺も他の仏教諸派と同じく幕藩の支配体制のなかに組み込まれ、その統制と保護のもとに、民衆の支えとなっていた本来の活力を失うことになってゆく。由来一つの宗教団体が、宗教の枠を超えて、集団として政治の世界に姿を現すときに、多くの社会問題を投げかけることは、歴史のうえでもすこぶる実例は多く、この100年の本願寺教団の活動も雄弁にこれを物語っている。

# 13　徳川の信仰

家康は、信長・秀吉の政治を参考にしながら反省を加え、強力な封建支配体制を作り上げたが、このなかで特に仏教も厳しい統制下に置き、その活動は極度に制限した。その内容は「寺院法度」を発布し、檀家制度を確立することにより仏教界を完全に制圧することであった。

## (1) 寺院法度

「寺院法度」は、寺院の守るべき規則を定め、本末寺の制度を徹底して本山を頂点とする中央集権的な組織を確立することで、幕府が全国の諸大名を統率する中央集権国家の組織を仏教界に当てはめたものだった。この中で僧侶の役職や席次などを厳格に定め、階級制を徹底することで僧侶たちを厳しく統制した。また、法度は思想面でも細々とした規定を定め寺院で行われる説教も、幕府の許可する範囲のものに制限した。また新たな寺院の建立やそれを裏付けるための勧進募財つまり寄付を募ることも制限された。このため 鎌倉時代の新仏教の祖師たちのように、独創的な仏教教理を打ち立てて布教し、一宗派を創始するなどということはまったく不可能になり、僧侶たちは法度の枠のなかで生きる以外に活路を見出すことはできなくなり、江戸時代の仏教界は、活力を失って沈滞し、往時の生き生きとした宗教の姿を失い、末端の僧侶にしても幕府の命令に従ってさえいれば身分は保証され、生活も安定したが、なかには僧侶の堕落にもつながったことも事実であろう。

## (2) 檀家制度

檀家制度は、もともとキリシタンの弾圧に由来するもので、寛永14年（1637）に起こった島原の乱以降弾圧は厳しくなり、外国人宣教師などの流入を防ぐため鎖国を決断し、農村や町に潜伏するキリシタンを見つけ出し仏教徒に改宗させ、寺院に登録させるというものだった。この宗門の調査は、全国に広まり津々浦々の家ごと、家族全員について年齢と宗旨を戸主が記載捺印することが義務付けられ、地区の組頭などが記載内容を改めて連署し、さらにそこの菩提寺の住職がこれを証明するというものだった。これによって日本人は生まれながらにして自らの信仰が決定され、それを容易に変更できないという奇妙な事態に陥り、信教の自由は完全に失われ、仏教は形骸化された。この檀家制度のもとに、僧侶は身分を保証され、生活は檀家の支えによって安定し、型どおりの法要や先祖供養さえしていれば平穏な生活をおくることができた。一方、檀家となった民衆は自己の意志に関係なく、一定の布施をしなければならなくなり、貧しい民衆の生活を圧迫した。そのうえ、出生や死亡・婚姻・旅行なぞには菩提寺の僧侶の証文を必要としたため、僧侶は檀家の人生の重要な節目と日常生活を支配していた。このことから、民衆は僧侶にむやみに逆らうこともできず、仏教に対する不満は募り、国学者や儒者、神道家の間に廃仏論が高まると、ついに明治維新の廃仏毀釈へと発展した。

## （3）廃仏毀釈

廃仏運動の根底には、民衆の不満もあるが、儒教・仏教・神道に通じた学者である富永仲基（1715〜1746）が仏典を研究し、膨大な経典のなかで、仏説（釈迦が説いたもの）は、阿含経という初期の経典のなかのごく一部分であり、他の大部分は仏説ではなく後世に逐次加筆されたものだと述べている。この立場は、本居宣長や平田篤胤などの国学者に支持され、廃仏論の理論的根拠として採用された。さらに宣長や篤胤は、仏教や儒教が伝来する以前の古神道を理想の世界と考え、古神道への回帰をより強く主張して復古神道の立場に立ち、神道の理念に基づく祭政一致を強調した。このような機運のなかにあって、慶応4年（1868）神仏分離令が出されると、廃仏毀釈の嵐が全国を吹き荒れた。神仏分離は、国家神道の立場に立って、神仏習合が定着していた寺社に対して、神道と仏教の区別をはっきりさせようとするもので、神仏の区別が判然としない寺社から純粋な神道のみを取り出して、神道による祭政一致を実施するためのものだった。神仏分離令が公布されると、神社と神主は仏教から解放されて神祇官の監督のもとに入り、神官の地位は高められた。また権現や明神などの仏教にちなんだ名称は廃止され、神社にあった仏像や経巻、法具などは撤去されて、神社に付属した社僧などは還俗させられた。仏像などは略奪されあるいは焼き捨てられ、売り払われて廃寺になった数ヶ寺が統合されて寺塔が売却される事態も生じた。神仏習合に組み込まれ続いてきた修験道も禁止され、多くの山伏は、辞めて農民になるか神社の神官になった。

# 14　明治以降の仏教改革

明治維新の廃仏毀釈で、完膚なきまでに攻撃され手痛い打撃を被った日本の仏教は、仏教徒のなかに現状を深く反省し改革運動に乗りだすものもあらわれ、僧侶たちのなかにも傑出した人物が輩出し、明治・大正・昭和のはじめにかけ福祉事業や海外への布教、世界会議への参加等いままでにないバイタリティあふれる活動を展開した。しかし昭和に入って第二次世界大戦が近づくと、仏教各宗派は合併され、政府に一致協力したが、戦争が激化し空襲による伽藍の消失、あるいは梵鐘や法具などの供出を余儀なくされ、それまでにやっと復興した仏教は、再びその機能と精神を失った。

## 15　前大戦の試練

終戦になって国の体制も変わり、焦土からの復興は思うようには進まず、多くの寺院が困窮を極め、敗戦による経済不安と政治的混乱に動揺した人心は、当時乱立した狂信的な現世利益の新興宗教に心の拠りどころを求め既成の仏教教団は氷河期を迎えた。まもなく日本経済が復興の足取りを早めると寺院の再建も進み旧態を取り戻し始めたが、都市部に人口が集中し農村の過疎化が進行し、農村部の寺院は経営が苦しくなり廃寺に追い込まれるところも少なくなかった。しかも農村部に広大な農地をもった寺院は農地解放によって寺域を大幅に削られ、反対に都市部では地価が高騰したため、都市部にある寺院は莫大な地代収入などをあげているところも少なくない。このように戦後の民主化政策と経済構造の変化は、寺院の経済格差を拡大させ、全国にある約14万にのぼる仏教寺院の半数は、経営的に成り立たないといわれる。さらに国家に残された大きな問題が、戦死者の慰霊である。軍は、戦闘に際し負傷・戦死者が出た場合、万難を排してこれを救助・収容し、弔う。前大戦では、東南アジアでの末期の戦況は厳しく未収容の遺体は、フィリピンだけでも数十万といわれる。昭和30年ころから漸く遺骨収集に着手したが、身元が判明したものは少なく、異郷の地に眠る英霊も少なくない。国家としての靖国神社への合祀、現地に慰霊施設の建立供養や地方自治体の戦没者慰霊、個人による大規模霊園の開園（埼玉青葉園）、各戦友会や遺族の慰霊法要等その活動には敬意を表するが、国民全般の英霊に対する崇拝の心には、まだわだかまりが後を引き、先祖となった先人の供養に影を落としている。

# 16　武士道考察

## （1）武士階級の消滅

明治の廃藩置県とその5年後に公布された廃刀令は、武士を消滅させ、社会は「詭弁家、金儲け主義者、計算高い連中」の新時代に入った。しかし日清、日露の戦争は、武士道の精神が永く染みついている軍人により戦われ圧勝したが、前大戦では、およそ武士とは異なる様相の近代戦となり一敗地にまみれて武士と武士道は名実ともに日本の社会から消滅した。

## （2）再び武器を手にした職業集団

終戦後5年の昭和25年警察予備隊が発足、当初は税金泥棒とか戦力無き軍隊、憲法違反との批判のなか、60年間で世界有数の装備を備え新たな任務も加わり、今や核を除く実力集団としては世界的にも高いレベルにあるといえる。集団を構成する人員は3世代に亘り交代し、自らは武力集団として厳しい職業倫理を課し、公務員として国民の負託にこたえるべく日夜研鑽と国内外の活動に努めている。その活動は、国内の大規模な災害派遣と国外における国際貢献が主たるものであるが、これらは各国ほぼ共通の内容であり、決定的に異なるところが武力の行使に関する課題である。我が国は憲法前文で、国の安全は諸外国を信用し、また国際紛争を解決する手段としての武力は保持しないと明記している。このため、世界の軍隊が一般的に任務を遂行するために行動する際使用する武器は、保持しえないし、使用も認められないとされる。ただし自衛のための武器はこの限りではなく、軍事力も同様に認められるとされている。しかし数千年先祖から祖父母へと受け継がれた武士道の根本精神である義・勇については、サムライ・ジャパンとして広く国民の身に染みついており、職業集団の道徳律として国内外から高い評価を受けている。

## （3）国際化する大企業戦士

東西冷戦が終わりグローバル化する社会のなかで、頑なに国外へ派遣・行動を禁じていた武力集団も、湾岸戦争を契機に国際貢献にのりだし、ＰＫＯはじめ国際緊急援助活動等は目をみはるものがある。本を正せば建軍の理念は国連中心主義で、憲法も国際社会で名誉ある地位を占めたい願望はもっていた。しかし国際社会は、憲法を盾に武器を捨てひたすら国内に閉じこもる勇無き国家を心からは信用せず、口先だけの安保常任理事国入りについても国連は見向きもしない。最近、集団的自衛権の議論が交わされ始め、寄らば大樹の陰で、周辺近隣諸国からの突発的な侵攻に対する抑止力としては一先ず安心感はある。しかし大樹も時とともに朽ち、同盟者の離合集散も世の常で、同盟もまた相手次第、過信は禁物である。グローバル化する国際市場で利を追及する企業は、今や国内に留まればジリ貧の恐れも生じて、多くの大企業は世界にとびだし、身を守る武器を持たない企業戦士は各分野で血のにじむたたかいを繰り広げている現実である。一方その昔武士階級は、社会を束ねる徳として義と勇とともに智と仁が要求され、徳川幕府の武士は研鑽に努めた。仁（国際貢献）は大切である。智を働かせることはもっと大事である。

## （４）外交・軍事の根底にあるもの（武力就中義と勇）

穢土の世を生き抜き浄土を願う人間集団が、現実に頼れる最大、最後の手段は外交軍事であることは歴史上論を俟たないだろう。外交は、他との協調、同盟、中立等各種のやり方があるが交渉次第で決裂することも多く、頼りにならない面がある。最後は、力（武力）に頼らざるを得ないのが、人間社会の現実である。仏教では、穢土とは苦しみのある汚れた国土、この世をいい、現実の社会は汚職・賄賂・談合や詐欺・偽装、倒産解雇・失業によるホームレス化・いじめ・執拗な付きまといや殺人と苦しみは枚挙にいとまがない。また竜巻突風豪雨・地震津波等の悲惨な自然災害等も加わり穢土に満ち溢れているが、苦しみの最たるものは戦争の惨禍である。これらの苦しみは、長い歴史に常在し、社会を構成する個人個人みんなに係っているもので、基本的には一人一人が降りかかる火の粉を払いのけ対処すべき問題である。古来武力衝突は、双方ともに自衛の戦争と称するのが常で、自ら侵略戦争を名乗るような国家はなく、明らかに無法な横槍である尖閣然り、竹島も同じである。戦国乱世の小牧長久手ではほぼ全国を手中に収めていた秀吉の大軍を、精強家康軍は破って秀吉に頭を下げさせ、また関ヶ原では義のある西が敗れ戦上手の東が勝利を収めた。国同士の喧嘩に自衛も侵略もない。極論すればあるのは武のみ。最大の悪・戦争をなくすことは人類の悲願であるが、わが国では憲法で他国の善意を信じて、唯一の拠りどころ武さえ放棄し、それでも心配からか自国の防衛は政党レベルで定めた法律で自衛隊に任せ、穢土の苦しみには他人事のように目をつむる風潮が見られる。もちろん非常の際は多くの国民は立ち上がるだろうが、一部の手先分子が領土問題を勝手に国際紛争回避の名目として反戦を唱え、国論が乱れれば自衛の戦といえども成り立たないことは肝に銘ずる必要があろう。集団的自衛権についても、参加国の紛争の名目が自衛か否かにかかわらず、自ら共に戦う強い意志がなければ同盟は烏合の衆と化す。

# 17　現在の信仰

戦後の民主化を経て家制度が崩壊し、個人主義的志向が強まるなかで、既成の各宗寺院は江戸時代の檀家制度に基盤を置いているが、地方では檀家の後継者が都会に出て、あとを守るものがいなくなり、一方都会に出たものが亡くなると、遠方の菩提寺には葬らないで、近郷に新たに墓地を購入するものも増加している。彼らは自家の宗派には執着しない場合が多く、またそれを知らない場合もあり、僧侶のなかにも複数の宗派の法要をかけもちするものも少なからずいるありさまで、これまでの信仰とは様相が大きく変わりつつある。

## （1）現代人の信仰に係る活動

日本人の信仰心は、古来そんなに変わっているとは思われないが、現在は、科学技術の発達や、グローバル化、芸能、文化、スポーツ等の多岐にわたる活動が、人々の信仰に係る活動や関心を相対的に弱め、人々の信仰離れは激しい。

### ア　信仰の対象

三内丸山や出羽、英彦山、高野山等の山岳信仰をみるまでもなく、我が国の信仰は、自然崇拝や先祖・死者の慰霊を内容とする他界信仰であり、そこに宿る諸々の神を対象とする信仰（神道）であった。6世紀仏教が伝来するや高邁、深淵な仏陀の教えの研究習得や信仰の普及のために出家した信者（僧侶）があったが、歴史上一部の聖人・聖者といわれる信者を除き、神や仏（仏陀）の教えに真剣に立ち向かい、民衆を救済し、信仰をひろめようとする信者は少なくなった。しかしながら徳川以降、日本仏教は、死者儀礼や死後の世界観と密接に結び付いて、仏教界以外の外部の者が手を出しにくい雰囲気を醸しだすことでなりたってきた側面から、信仰そのものがいわゆる先祖崇拝、葬式仏教に矮小化され信仰のダイナミズムを失ったといえる。

### イ　信仰活動

仏教伝来後平安ごろまでは、出家して仏道を修業する人を僧侶（女性は尼）と称し、在家の仏教信者や正式に僧侶にならないで山林などで仏道を修業するものを優婆塞といった。しかし時代とともに在家のまま仏門に入り僧侶として活動する人が多くなり、今ではほとんどの僧侶は在家信者であり、信仰活動は寺を維持存続するための葬儀、各種法要等が家業化している。一方得度しない在家信者も少なくなり、田舎を離れ都会に住み、仕事で各地を転々とする転勤族も増え、信仰活動の機会の無いまま老いを迎え終活に関心をもち始める人々も少なくない。

## （2）先祖の供養

昭和一桁生まれの我々の頃までは、部落の墓地に先祖代々の墓があり、お盆は勿論なにかれと墓参りし、夜は母に連れられて、よく隣の寺に和尚さんの説教を聞きに行っていた。先祖の供養といっても、一緒に暮らしたのは両親、祖父母、曾祖父母までのせいぜい4世代で、仏教では33回忌までは、魂はこの世に留まりそれ以降は先祖の霊に列し歴史上の物語として残るとされることから、先祖の供養の意味は生まれ育った山河の地とそこに引き継がれた人の命のありがたさを想う自然界への大切な感謝の念であろう。しかしわが2人の娘は、幼少時1～2回わがふるさと宇佐の地を訪ねたのみで、以降父親の仕事の関係で関東以北を10数回の転勤、官舎住まいで先祖供養どころではなかった。ある人は、勤務地に位牌を携行し供養していたものは居たかもしれないが、軽易な仏壇や神棚等は見たことはない。不謹な話になるが、わが家族には青森在住時、シャムネコが舞いこみ、富士、旭川、朝霞、武山と数箇所官舎を転々とし、14年間家族とともに暮らし、なくなった。その写真を大きく居間に飾り、数年は遠くのペット霊園に月命日には欠かさずお参りしたものだ。畜生を人より大事にしていると笑ったら、妻はいつの間にか両親の遺影を小さな額に入れ、タンスにしまっていた。

## (3) 葬儀

葬儀は、死者のこの世との別れの儀式で、故人の冥福を祈り死者の供養のために行うものであろうが、残された遺族の思いと生前の交友関係等でその形は、各人各様である。田舎では冠婚葬祭は一生の大事業で、葬儀は部落あげて盛大厳粛に執り行い、菩提寺の僧侶が導師となり、死者をあの世に導いてくれるものと遺族は安心して信頼し、任せていたが、あの世の存否の疑問や、老衰自然死の大往生感等から、必ずしも嘆き悲しむだけでなく、自然に受け入れる風潮もうまれている。葬儀の席で導師が死者に授ける戒名（法名）というのがある。戒名は、本来この世で、戒律を守り、仏陀の弟子となった証にいただくものであるが、いつの間にか死者に、生前の社会的地位、寺に対する貢献度等にもとづき僧侶から与えられるようになった。

人間生まれると名前を付けてもらうが、古代アルーシャンの社会では、不肖の子は名前を付けてもらえず、生涯生きた証がない人間になるといわれていたが、戒名は故人があの世で釈迦と一緒に長い修業の旅へ出る証ともなる大切なもので、あの世を信ずる者にはなくてはならないものであろう。現代戒名の相場は40万～50万円、人によっては１００万、２００万ともいわれるが、高い安いは別にし、あの世を信じない者には無意味ともいえる。このため、著名人のなかにも、吉田茂のブレーンで気骨のある白洲次郎氏が「葬式無用、戒名不用」と遺言を残し、また歌舞伎の名優、六代目尾上菊五郎は「オレが死んだら院号などつけたら化けて出るぞ」と明言していたため、その墓石には「菊五郎居士」とだけ刻まれているという。また最近は、宗教色のない、家族葬や友人葬、社会葬等も行われ、戒名に代わり故誰々と個人名が使われている場合も多い。

## （4）墓地

若いときには「人間至る所に青山あり」と死に場所など気にも留めなかったが、誰しも一家を構えると、年とともにいずれ終の棲家となる墓地を求め永住の地を定めこの世の区切りをつけることを考えるが、夫婦、家族の状況、出生地等により自分の一存では決められない。私事になるが、自分は7人の姉妹・兄弟の二男で、長男と四男ほかに多くの甥、姪が宇佐の片田舎に健在で先祖の墓を守っており、わが一家も墓地を検討している。長男からは、先祖の墓の一角に敷地があるので決めてはと言ってはくれているが、妻は東京生まれで、東京大空襲にあい、父の実家新潟、母の実家北海道恵庭と疎開したため、両親の墓は恵庭にあり、子供も2人とも娘で都内と厚木に嫁いで住んでおり、妻は遠い九州の墓地には難色を示している。こういう話はあまり楽しいことではなく、拗れると家庭崩壊の原因になるので、普段は話題にあげないが、男の子もいないので墓を託するわけにもいかず、今すぐという切実な問題でもないので、娘や孫達が墓参りに便利な都内の寺に預けようかと、なんとなく合意をはかっている。多くの関東近郷に定着した同年代の友人も、長男なら先祖の墓をこちらに移し、そのほかは、連れ合いを亡くしたものは、仏壇を準備し、また、寺に預けるか墓地を購入しているものも多い。

## （5）結界

日本の国土には、いたるところに結界と称する霊域が存在し、国民に癒しの場を提供している。もともとは、結界は、神をまつる場所の四周に榊を立て、注連縄を張ってその中を神聖な場所として清め神事を執り行ったもので、後には神社、仏閣のある社域、霊気漂う山地や大きな滝の周辺等俗世界を離れた霊域をいうが、結界内は、神聖な地域として、悪事や不浄な行為は慎まなければならず、古来王家や摂関家は有力な寺社仏閣を建立し、一族の一員を送り込み、いざという時の駆け込み寺として備えていた。庶民もこれらの地域を大事にし、神仏の信仰とまではゆかなくても、度々訪れては手を合わせ、賽銭をあげている。また積極的に四国八十八ヶ寺めぐり、関東や秩父三十六ヶ寺巡礼、熊野詣やお伊勢参り等多くの庶民は難しい信仰の理屈は別にして、信仰心を大事にして生きていることは確かだろう。

### （6）現世の利益

仏教は、来世の極楽往生を願う祈りが根底にあるが、神社神道は、現世のご利益を願う活動が多い。一般に、工事の安全や建物などの無事完成を天神地祇に祈願する地鎮祭や出生や成人、結婚など人生の節目の儀式は神式で行うことが多く、また初詣や各社の祭礼には多数の人々が押し寄せ良縁、家内・交通安全、学問成就、商売繁盛等もろもろの現世のご利益を祈願する。

## 18　仏陀の戒律と新日本憲法

仏陀（釈尊）は、その死に際して比丘たちのために説いて「われによりて説かれ教えられたる教法と戒律とは、わが亡き後になんじの師である」と教えられたという。仏教の教えは、一般に経・律・論の三蔵としてまとめられ、経は釈尊の教えをまとめたもの、律は出家した者が守るべき戒律、論はさらに諸説を加え解説したものである。古代インドでは、最も大事な基本となる経は仏法（ダルマ）として社会を保つ原理としての社会規範、正義・善・真理などの意味で優れたものとして重視された。このように仏教の世界では、教法とともに信者が守るべき「戒律」が定められており、仏教徒になろうとする者は、その「戒律」を守るという誓いをたてなければならない（それが信者にとっては「受戒」であり、お寺の側にとっては「授戒」であり、この戒名の授受は仏の弟子であることの象徴である）。戒律には一般の在家信者が守る戒律と出家者が守る戒律があるが、最も有名なのが五戒であり、不殺生戒・不偸盗戒・不邪淫戒・不妄語戒（嘘をつかないこと）・不飲戒をいう。我が国では、１５００年以上にわたり仏陀の教えは社会の規範《しきたり》として今も有用な信仰として民族の心をとらえている。一方憲法については、誰の教えにより、誰が作り、日本民族はそれを自分たちの規範として信仰してきたであろうか。国際社会の現実は、世界に目を向ければ、アラブは、盾（コーラン）を片手に槍をかざしてヨーロッパ社会に立ち向かい「９・11」、イラン・イラク戦争、アフガンの内戦等根の深い深刻な信仰の対立等の歴史の連続である。我が国周辺についてみれば、尖閣や竹島、拉致、漁船の拿捕、保安庁船舶への攻撃等深刻な領土問題に起因する武力戦寸前の事態が生起している。世界に冠たる平和憲法と自画自賛する国民は「他国民を信頼して自国の安全を任せ」、政府も事態を憂慮し、厳重な抗議を繰り返すのみで、犬の遠吼えに終始している。いくら平和憲法と自分では満足していても、世界にはこれを真似て続く国家は皆無で、国民はドンキホーテとあざ笑われても仕方がない。嘘は、真実を否定し、人々の目を曇らせる。このため限りなく真実に近い存在と崇められているブッダは嘘をつけなかった。マーク・トウェインも言っている「ほんとうのことを言う方がずっと楽だ。なにしろ何一つ覚えておかなくてもよいのだから」と。人間社会の厳しい現実を直視すれば、現行憲法は日本国民・民族の矜持をないがしろにし、侮辱しているもので耐え難く、自らの生きる道を、自ら決めようとする自主憲法制定の動きが最近強まってきていることは、慶賀に堪えない。

## 19　終わりに

日本国というビッグマシーンの成り立ちを縷々見てきたが、現代社会は、政治・経済・軍事・文化各分野において大小様々なマシーンが唸りをあげて活動しており、各マシーンはそれぞれ設立、設計理念・目的・祈りをもとに構成され、組み立てられている。これらのマシーンは、9・11の世界貿易ビル、最近のアラブ、エジプトの政変、福島原発、米デトロイト市の財政破たん等自壊・他壊、巨大地震・津波等想定外の要因による危機は枚挙にいとまなく、マシーンの設計・利用者は、常に自らマシーンの保全強化・改良・効率化を検証し必要とあれば破棄をもしなければならない。東海沖地震の教訓から原発0に踏み切った国（独）もあるが、何れかは問わない。巨大な武力を有するマシーンの設計図（憲法9条）にはこれを放棄すると明示してある。我が国には設計図にないものに命を懸けている数十万の集団が現存し、過去数十年、数百万の人々が「厭離穢土、欣求浄土」に人生を捧げた無言の祈りとたたかいが続いている。

（平成25年盛夏　完結）

**【編集後記】** 文体は酔狂の中、会話調の内容がストレートに伝わるようそのまま整理したので、固有名詞等敬語なしで、記述しており失礼の段ご容赦願う。

最後に、本書の出版にあたり、古代については堀切亨氏の、近代については服部幹雄氏の、また構成全般及び貴重な戦史資料の提供については小田原昭氏のご指導をいただいた。また宇佐在住の稲月晄司、前川忠夫両氏には宇佐付近の古社についてのご意見をいただき、ここに改めて誌上をかりて心からお礼申し上げる。

## 参考文献

「徳川家康」　山岡荘八氏（講談社）
「興亡古代史」小林惠子氏（文藝春秋）
「百寺巡礼」　五木寛之氏
「坂の上の雲」司馬遼太郎氏（文藝春秋）
「小林寿太郎とその時代」岡崎久彦氏（ＰＨＰ研究所）
「私版『赤い月』」小田原昭氏（個人蔵書）

# 祈りのひととき

## ―静寂―

'13.04.30 四谷 須賀神社

立川 阿豆佐味神社

'13
01
04

'13 08 13 築地二丁目
宮川鶏卵

日本橋一丁目
天麩羅

三崎港
三崎館本店
まぐろ

西新宿
熊野神社

倭の歴史から見る 祈りとたたかいの集団

2014年5月29日　発行

著者

矢治 貞二

制作

株式会社 プリコ

発売

今日の話題社

〒108-0071 東京都港区白金台3-18-1　八百吉ビル4F

電話：03-3442-9205　FAX：03-3444-9439



ISBN978-4-87565-619-7 C0031